C0-DMZ-352

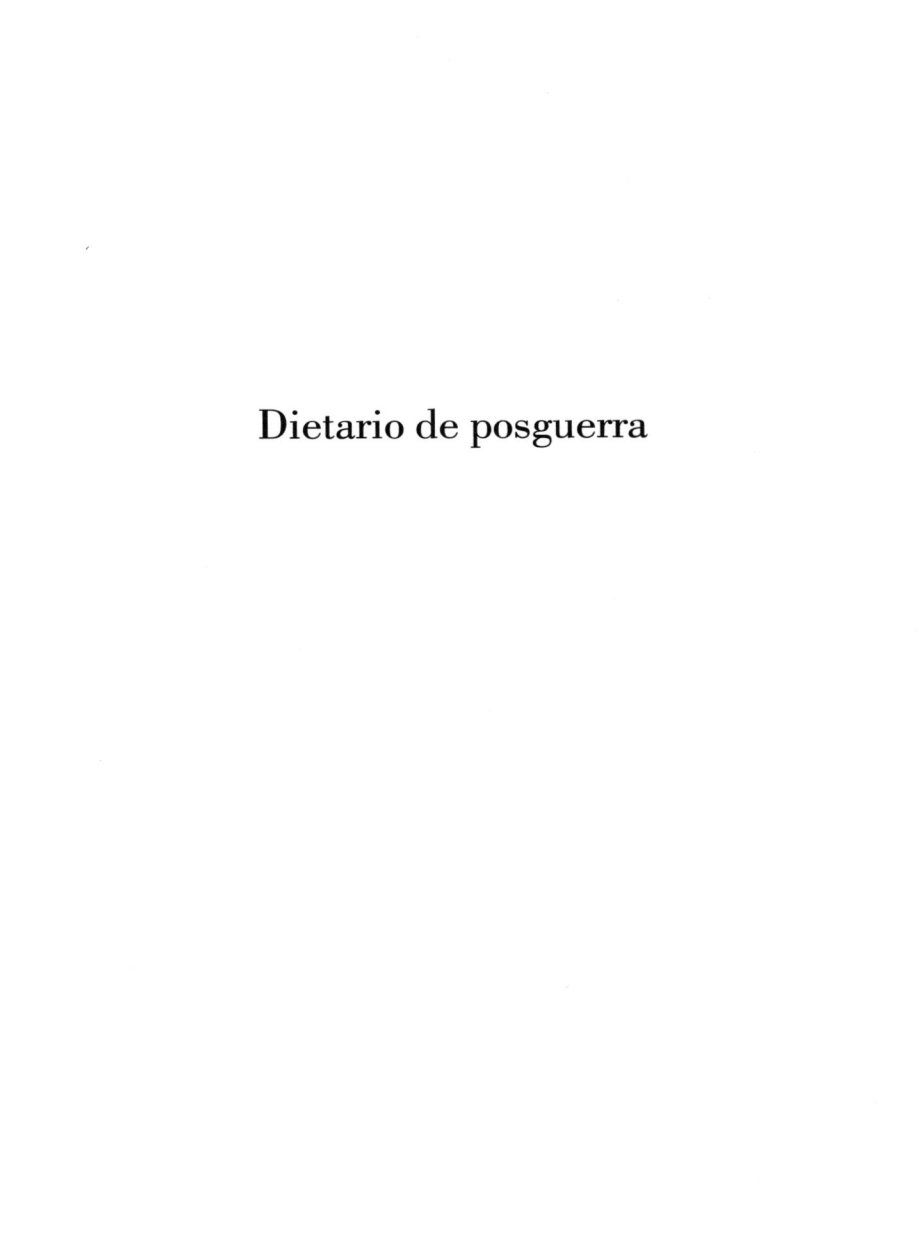

Dietario de posguerra

Edición a cargo de
Arcadi Espada

Dietario de posguerra

EDITORIAL ANAGRAMA
BARCELONA

Portada:
Julio Vivas
Ilustración: «Piropo en la calle», Xavier Miserachs, 1962

© para esta edición, EDITORIAL ANAGRAMA, S.A., 1998
© EDITORIAL ANAGRAMA, S.A., 1998
 Pedró de la Creu, 58
 08034 Barcelona

ISBN: 84-339-2536-9
Depósito Legal: B. 46219-1998

Printed in Spain

Liberduplex, S. L., Constitució, 19, 08014 Barcelona

LA CIUDAD DEL DIÁLOGO

Con ocho conferencias reunidas bajo el epígrafe *Dietari de posguerra. Barcelona: 1939-1975*, el Institut de Cultura de Barcelona puso en marcha en octubre de 1996 el ciclo titulado *Converses a Barcelona*. Ha sido, y sigue siendo, un ciclo muy vivo, que ha llenado la sala del Espai 4 del Palau de la Virreina –a menudo hasta el punto de obligar a acondicionar con medios audiovisuales otras dependencias del palacio para dar cabida a un público numeroso– y que confirma, si es que hacía falta, que Barcelona es una ciudad de diálogo. Ya sea en el entorno de la posguerra, ya sea acerca de las figuras de Josep Pla o de Sebastià Gasch, ya sea a propósito de la obra de Leopoldo Pomés o de la vigencia del Mayo del 68 –éstos han sido hasta ahora los temas de las *Converses*–, el diálogo interesa y moviliza a los barceloneses.

Las *Converses a Barcelona* se plantearon con el propósito de hablar, discutir, debatir en torno a diversos aspectos de la ciudad y su gente. Para aprender, para comprender, para conocer a la luz del testimonio personal y del diálogo un poco más sobre los demás, lo que suele ser una manera de saber más sobre nosotros mismos. Las ciudades las hacemos los ciudadanos de hoy gestionando una herencia de muchos siglos. Las ciudades tienen memoria: somos los ciudadanos los que a veces la perdemos y los ciclos como éste sirven sin duda para refrescarla, es decir para recuperarla en toda su pluralidad y diversidad y extraer las enseñanzas, las lecciones que nos han de ser útiles para el presente y para el futuro.

La edición impresa de las *converses* del *Dietari de Posguerra* es la consecuencia lógica de este propósito de no perder la memoria. Por un lado, recoge unos testimonios orales muy valiosos y hasta ahora inéditos de cuarenta años de nuestra historia reciente; por otro, deja constancia del momento y de la circunstancia en que estos testimonios se produjeron. Los dos aspectos son parte del patrimonio de la ciudad, ayudan a explicarla y ayudarán sin duda a entenderla en el futuro.

INSTITUT DE CULTURA DE BARCELONA

NOTA

El ciclo *Dietari de posguerra* se desarrolló en Barcelona, en el Palau de la Virreina, entre el 31 de octubre de 1996 y el 23 de enero de 1997. El programa anunciado se cumplió, con excepción de la conferencia de Baltasar Porcel, que no llegó a tiempo a la cita.

La edición ha tratado de respetar el origen coloquial de los textos, eliminando los elementos superfluos o aquellos que podían dificultar la lectura. En la conferencia de Juan Marsé se ha mantenido el original formato de diálogo. Algunas de las respuestas de los conferenciantes a las preguntas del público se han subsumido en el texto, cuidando de no alterar de manera muy visible la coherencia del discurso. Todos los autores han dado el visto bueno final a la edición.

A. E.

José Luis de Vilallonga (Madrid, 1920)

El día que entré en Barcelona

El 28 de enero de 1939, confundido entre las fuerzas de un regimiento de infantería, José Luis de Vilallonga volvía a la ciudad de sus padres. Ya reinaba la alegría bárbara del vencedor y esa alegría duró mucho tiempo.

José Luis de Vilallonga es un hombre que ha escrito veintiocho libros. Ha dedicado buena parte de su vida a escribir y eso es lo primero que hay que decir de él. Entre esos textos hay algunos especialmente relevantes. Su última novela, por ejemplo, El gentilhombre europeo, *que forma parte de una trilogía que el escritor ha de acabar obligatoriamente. Hay otro libro reciente,* El Rey, *que es un modelo de biografía leal, pero no cortesana. Su primera novela,* Las Ramblas acaban en el mar, *está basada en algunos de los sucesos que José Luis de Vilallonga vivió poco después de entrar en la ciudad conquistada.*

Buenas tardes:

Para mí se acabó la guerra dos días antes de la caída de Barcelona [el 26 de enero de 1939]. Yo estaba en un hospital de Zaragoza, reponiéndome de una disentería grave. Mi padre me llamó y me dijo: «Estoy en Barcelona, ven en cuanto puedas.» Entonces me fui del hospital y en camiones del ejército, en un viejo autobús y en coche tardé tres días en llegar a Barcelona.

Yo me había ido en los días que precedieron al levantamiento. Primero, mis padres nos llevaron a Biarritz y, después, de allí a San Sebastián. Al principio hice la guerra con un regimiento de requetés, luego estuve con los italianos en el frente de Valencia, después en el frente de Madrid, en la Ciudad Universitaria, durante muchos meses, otra vez en el frente de Valencia... Hice la guerra como todo el mundo. Y para mí se acabó el día en que llegué a Barcelona.

Entré por la plaza de España. Era un caos. Había muebles tirados, una suciedad absoluta, una cantidad de gente que vagaba, que no se sabía muy bien si era gente que se escapaba o gente que llegaba. Era una cosa muy terrible. Y me encaminé, desde la plaza de España, a pie, porque no había otra manera de llegar, a la calle del Pino, al número 5.

Era el Palacio Maldá, en cuyo jardín están ahora las galerías Maldá, que era la casa de mi abuela paterna, donde yo había pasado toda mi niñez y una parte grande de mi juventud. Es decir, hasta que tuve quince años era la casa donde vivíamos. Y allí se me vino el mundo abajo porque a mí me habían educado en un universo que parecía que nunca podría cambiar. Aquélla era una casa enorme donde jamás se cambiaba nada de sitio. Ni un cenicero, ni un mueble. Parecía que todo iba a durar una eternidad.

Y de repente entré en una casa que había sido requisada al principio por los republicanos. Pero cuando las tropas nacionales entraron en Barcelona, se instaló en la casa un tábor de regulares. Y ésos fueron los que destrozaron la casa. Llegaron a hacer fuego con los parqués.

En la casa había un salón de baile donde se produjo el famoso atentado contra don Miguel Primo de Rivera. En el callejón de al lado, que está todavía y se llama de Perot lo Lladre, pusieron una bomba mientras Primo de Rivera estaba bailando. Al salón se le llamó desde entonces «el salón del atentado». Estaba, como toda la casa, completamente destrozado.

Yo había visto muchas cosas durante la guerra. Pero ése fue el día en que me di cuenta de que el mundo había cambiado, y que había cambiado para siempre. Que ya nada nunca más sería lo mismo.

En uno de los salones, uno más pequeño, había un enorme espejo isabelino, de aquellos llenos de hojas y flores. El espejo estaba intacto, absolutamente intacto. Recordé entonces lo que me había ocurrido con Gregorio Marañón, el hijo del doctor, en el frente de Madrid, una tarde que estuvimos en un pueblo que se llamaba Balderas. Allí había un palacete que también habían destrozado completamente y también nos encontramos con un gran espejo intacto. Los dos tuvimos el mismo reflejo. Los dos nos agachamos, cogimos un cascote y lo tiramos contra el espejo y nos alentamos. Aquello de estar incólume en aquella casa destrozada era casi una obscenidad.

Yo digo que mi mundo se vino abajo porque en aquella casa había pasado toda mi infancia, toda mi juventud. Una vida que estaba marcada por mi abuela, que ha sido el personaje principal de varias de mis novelas, y en especial de una que se llama *Allegro Bárbaro*. Era una señora extraordinaria, como creo que ya no se darán nunca más. Estaba sorda y llevaba una pila en el oído, como en aquella época, y se sentaba a la mesa y tenía a sus hijos, a sus nueras, a sus yernos, a todo el mundo. Éramos como treinta y tantas personas. Y nadie tenía derecho a hablar, a menos que ella preguntara algo. «Sí, mamá», pero nadie tenía derecho a explicar nada.

El correo se lo traían en una bandeja, entonces hacía clac, cerraba la pila y decía:

—Ya podéis hablar.

No le interesaba nada de lo que pudiera decir nadie de la familia. Era un personaje extraordinario. A mí me llamó siempre de usted y me trató desde pequeñito como si fuera una persona mayor. Creo que fui su favorito muy marcadamente. Fue una señora que me influyó muchísimo porque casi todo lo que tengo en mí de rebelde, y que me ha creado muchísimos problemas en la vida, a Dios gracias, fueron rebeldías provocadas por esa señora. Me acuerdo de que mi padre, cuando su madre se ponía a hablar, se quedaba como paralizado porque se preguntaba muy inquieto por lo que iba a decir.

Un día ella dijo:

—Yo, a los pobres, les tengo un gran desprecio.

Y mi padre:

—Pero ¿qué ha dicho?

Y ella:

—Sí, porque... ¿cuántos somos los ricos? Muy pocos. Y ¿cuántos son los pobres? Millones. Sin embargo, nos siguen soportando. No lo entiendo.

Tenía la señora una lógica aplastante. Había un administrador que le llevaba el correo y hablaba con ella. Eran cartas que siempre llevaban una petición de dinero. Un día leía una carta de un señor que le decía: «Mi mujer está gravísima, tengo un hijo mongólico, una hija paralítica...» Una cosa horrorosa... Y la carta, acababa: «...sin embargo, soy monárquico». Mi abuela le dijo entonces al administrador: «A éste ni un duro. Porque que sea monárquico, además de todo eso, es insoportable.»

Recuerdo que a los ocho años me mandaron a un colegio en Francia, exactamente cuando se proclamó la República. Mi padre estaba convencido de que aquello iba a acabar mal muy pronto. Se equivocó en seis años. Me mandaron a un colegio francés. Un día llegaron las notas del director del colegio y decía: «El niño habla y escribe perfectamente el francés, habla perfectamente el inglés...» Mi padre se lo enseñó a mi abuela, con orgullo. Y dijo ella: «¿Es que queréis hacer de este niño un conserje de hotel?»

Otra vez le dijeron:
–Se ha muerto fulano de tal.
–¿Y dónde se ha muerto?
–En París.
–¿Y se ha muerto en el extranjero? ¡Qué olvidadizo!
No es una frivolidad. Hay que morirse en casa. Hay que morirse donde uno ha nacido. Hay que morirse donde uno tiene su cultura. Yo me acuerdo de que, hablando con Su Majestad del exilio de su padre, me decía: «Mi padre, al final, cuando hablaba de España, ya no hablaba de España, hablaba de cocina, de vinos, de todo lo que no se podía tener en el exilio.» Y

17

es verdad que, a la larga, cuando ya no se escriben las palabras con mayúsculas, cuando ya no se habla de *patria*, se habla de pequeñas cosas, de olores, de sonidos, de voces... Eso es lo que uno echa de menos de una manera trágica en el exilio.

Bien: mi abuela, esta señora, fue la que me metió en la cabeza una serie de ideas que me han servido mucho, y que a veces me han creado problemas grandes.

Llegué a Barcelona. Llegué a aquella casa. Estaba todo hecho polvo. Me estuve paseando con mi padre por las Ramblas. A mí me han encantado siempre las Ramblas. Había dos clases de gente, era muy curioso. Había los vencedores: los vencedores siempre vencen mal. Nunca ganan con generosidad. Ganan con deseos de venganza. Y después había otra clase de gente, que era gente muy silenciosa, que andaban casi raspando las paredes, que se veía que tenían miedo de algo. Y tenían razón de tener miedo. Porque eran gente que seguramente tenían algo que reprocharse o algo que les pudieran reprochar. Y entre esas dos gentes había como una muralla de desentendimiento. Yo me di cuenta de que no me gustaba nada estar en el bando de los vencedores. No me ha gustado nunca. En la vida siempre me han gustado los vencidos porque, casi siempre, los vencidos tienen razón.

Hay una parte de la historia de esta ciudad de la que no habla la gente. No se ha escrito nunca ningún libro. Es la historia de la represión tremenda que hubo en Barcelona después de la guerra. Es verdad que antes se habían dado muchos paseos, como se les llamaba en aquella época, que se fusiló a bastantes personas... Pero después se condenó a muerte de la manera más cruel, de la manera más perversa. Con los certificados de buenas costumbres, por ejemplo. Sin esos certificados uno no podía conseguir trabajo de ninguna manera. Durante muchos años vivimos en Sant Feliu de Llobregat, donde mi padre tenía una casa. Allí tenías que disponer del certificado de buena conducta de la Guardia Civil y del certificado de buena conducta del cura párroco. Si al cura párroco no le caías bien porque no ibas a misa o por lo que fuera, no había certificado y no había trabajo. Era una manera tremenda de condenar a alguien a muerte, a matarlo de hambre.

Nosotros vivíamos en una casa donde había de todo, porque éramos una familia rica y además vivíamos del mercado negro, del estraperlo y de todas esas cosas. Pero al lado había gente que se moría de hambre, de verdad. No era una broma. Yo he visto a gente desmayarse, he visto a mujeres recogiendo hierbas de la cuneta de la carretera para Dios sabrá qué.

La represión duró muchos años. Cuando se acabó la guerra, no estalló la paz. La paz fue otra guerra, a mi modo de ver fue una guerra casi peor. Se instaló una gran hipocresía. Incluso hoy habrá gentes que dirán: «No, eso no fue así, está exagerando.» Pero no exagero porque yo lo vi y lo viví.

Había una insolidaridad absoluta. Me acuerdo de que teníamos un portero en la calle del Pino, que se llamaba Juan, que ya debía de estar en la casa cuando yo nací. Y lo denunciaron. Dijeron que había estado sacando paquetes de la casa. Lo detuvieron inmediatamente, lo metieron en la cárcel acusado de saqueo. Se estaba jugando la piel. Recuerdo que le dije a mi padre que había que hacer algo y la contestación de mi padre me paralizó. Era un hombre que nunca usaba palabrotas, y me dijo: «Han perdido. Que se jodan.» Pensé: «Esto es espantoso. Lo van a matar porque se ha llevado cualquier cosa.» Después resultó que había estado haciendo paquetes para que otros no se los llevaran, que había estado salvando muchas cosas. No se lo agradecieron nunca. Yo le he oído decir a mi padre muchas veces que la guerra civil es la única guerra que tiene razón de ser, porque te puedes cargar al que te ha estado fastidiando toda la vida. Y eso es verdad. Hay mucha gente que opina eso. Muertes que hubo durante la guerra y después, muchas muertes, fueron venganzas personales. Lo peor del hombre sale cuando tiene la fuerza de su lado. La razón no existe, la fuerza está ahí y entonces todo es bastante fácil.

A mí me habían mandado muy jovencito, tendría ocho años, creo, a un colegio de unos curas dominicos absolutamente maravillosos, al lado de Burdeos. Antes de la República había estado en un colegio de jesuitas en Sarrià, donde todo era siniestro, espantoso. Tengo recuerdos terribles de aquel colegio. Pasábamos la noche en unas celdas cuyas paredes no llegaban ni al techo ni al suelo. Te caías por arriba y por abajo. Y de repente entraba un jesuita: eran unos personajes muy serios. Te cogían por el hombro, te despertaban y te decían: «Niño, acuérdate de que has de morir.» Y ya no dormías más. Ni esa noche, ni la noche siguiente... Nos levantaban a las seis de la mañana, nos metían en una iglesia helada y allí te explicaban lo que era el Infierno y lo mal que lo ibas a pasar. Era una cosa de pavor.

En fin, yo llegué al colegio de los dominicos franceses de noche, debían de ser las ocho o las nueve de la noche. Nos metieron a mi padre, a mi madre y a mí en el despacho del director, me presentaron al director e inmediatamente me mandaron a un dormitorio, me metieron en la cama y me dormí. Y a la mañana siguiente me despertaron. Nadie me puso la mano en el hombro. Oí una voz que me decía: «Niño, despiértate, que ya son las siete.» Me desperté y vi una cosa que no había visto nunca. Vi a un hermoso fraile con una barba blanca, sonriendo. Yo no había visto sonreír a un cura en mi vida. Y me enamoré de aquella gente. Me enamoré porque era gente muy normal, muy abierta. En ese colegio había dos veces por semana una clase de una cosa que se llamaba Diálogo. Consistía en poner a un niño delante de otro niño y hacerles hablar. Colocaban un objeto entre los dos y te decían: «Ahora, hablad de esto.» Pero nunca levantando la voz, nunca contradiciendo, nunca insultando. Cuando yo llegué a España, vi que aquí lo del diálogo era una cosa inconcebible... Después de la guerra había dos clases de gente: la que hablaba y la que no hablaba. Y esto me pasó a mí en mi propia casa. Yo no tuve una conversación de hombre a hombre con mi padre hasta que tuve cuarenta y tantos años.

21

Cuando llegué a un pueblo que se llama Mondragón, antes de que se tomara Bilbao, yo llevaba una carta de mi padre para un coronel, que era amigo de la familia, que se llamaba Joaquín Poal. Era un mallorquín. Yo le di la carta, el hombre la leyó y se puso a reír. Llamó a su ayudante y le dijo: «Oye, fíjate, éste es el hijo de mi amigo Salvador Vilallonga, fíjate qué buena idea tiene.» La buena idea era que como yo estaba recién salido de un colegio y a mi padre le parecía un poco fuerte que me mandaran inmediatamente al frente, decía: «Métemelo en un pelotón de ejecución, para que se acostumbre un poco.» Les parecía maravilloso que mi padre tuviera esa manera de preocuparse por mí. Y me metieron. Yo he escrito un libro, que se llama *Fiesta*, que explica aquello. Tardé más de veinte años en escribir ese libro. Yo no me di cuenta, en aquel momento, del horror, porque le caí en gracia a un sargento, que me tomó bajo su mando. Y por la mañana, el primer día, me dio un tazón y me dijo:

–Bébete este café, bébetelo de golpe.

Y me lo bebí. En el tazón había más coñac que café. Y yo, que no había bebido nada en mi vida más que vino aguado, pues salí a lo que ellos llamaban «a trabajar» en un estado seguro. Tenía un amigo que lo metieron en el mismo pelotón que a mí. Un día de pronto se empezó a reír. Y si aún no se ha muerto, debe de estar riéndose todavía. Lo metieron en un manicomio: se volvió loco. Yo tuve la suerte de salir indemne.

Cuando empezó la guerra tenía dieciséis años. Me

han preguntado muchísimas veces, sobre todo los del extranjero, que nos entienden mal a los españoles, me han preguntado que por qué estuve de parte de los franquistas. Y yo les explico que a los dieciséis años éramos unos imbéciles. No sabíamos nada, no estábamos informados de nada. Había un enorme respeto por el adulto y, sobre todo, un enorme respeto por el padre. Y desde el momento en que el padre decía que había que ir a fusilar, pues muy bien, lo ha dicho papá. No puedo decir realmente lo que pensábamos porque yo, personalmente, no pensaba nada. Estaba en un colegio, venía un señor, decía que había que irse a la guerra porque tu padre quiere que te presentes voluntario y yo lo consideraba una idea magnífica porque al fin y al cabo me iba del colegio hacia una aventura extraordinaria que era una guerra. Pero no había ninguna ideología política. Al menos en los más jóvenes. Mi padre hizo la guerra porque creía en una restauración monárquica. Cuando el general Franco, gracias a unas manipulaciones de su hermano Nicolás, se convirtió en jefe del Estado, mi padre, que era un hombre muy sensato, nos dijo:

–Este tío se va a quedar aquí toda la vida.

Por lo tanto, y automáticamente, se volvió antifranquista. Antifranquista, de derechas. Yo creo que los que decidieron sublevarse tenían durante la República un miedo muy grande a lo que pudiera pasar. El Estado se estaba desmoronando, había una gran violencia... No lo sé. Yo no soy historiador. Si yo fuera historiador, creo que no haría ningún juicio definitivo antes de muchísimos años. Cuando escribí el libro con el Rey, sabía que el Rey sabía que yo era un antifranquista notorio, porque llevaba treinta años diciéndolo. Pero yo también sabía que delante del Rey no podía hablar pestes de Franco. El Rey, hablando de Franco, siempre decía «el General» o «el Generalísimo». Nunca decía otra palabra. Cuando ya llevábamos quince días trabajando, le dije:

–Señor, ese respeto a Franco, ¿es al hombre o es al superior jerárquico?

Y me miró con aquella cara que pone y me contestó:

–¡Qué cabrón eres!

Entonces lo comprendió todo y yo también.

El Rey, y perdóneseme este excurso, me dijo cosas muy interesantes sobre Franco. Una de ellas sobre la gran cantidad de *francos* que los españoles habíamos conocido. *Francos*, me decía, han habido cuatro o cinco, completamente distintos. Ha habido el general de África, que era un tío fantástico para los militares. Era el general más joven de Europa. Fue general a los treinta y tres años. Después ha habido el Franco de la República, que era un gran pastelero, es decir, que iba a todo lo que se le ponía a tiro. Después ha habido el conspirador, después ha habido el dictador y después ha habido el carcamal, que ya no pintaba nada al final. Son cinco o seis *francos* distintos.

Pero volvamos a coger el hilo. Cuando acabó la guerra y toda la familia llegó a Barcelona, estuvimos viviendo primero en casa de unos amigos, después en un hotel y al final la vida empezó a tomar su cauce normal. Yo era todavía oficial del ejército, y pedí mi des-

movilización. Todos mis amigos ya estaban desmovilizados, y yo nunca. Nunca llegaban los papeles. Hasta que un día, un amigo mío, un comandante, me dijo:
—A ti no te desmovilizan, porque tu padre les pide que no.
Entonces me fui a ver a mi padre y le dije:
—Oye, papá, ¿qué pasa?
Y me contestó:
—Hombre, es que a la edad que tú tienes y con la guerra que has hecho, pues a los cuarenta años puedes ser general.
Y yo:
—Papá, no quiero ser general ni a los cuarenta ni a los veinte ni a ninguna edad.
Le di un disgusto terrible. Y entonces, como vio que no había nada que hacer, pues dijo:
—Entonces, la carrera diplomática.
Total, tres años para hacer la carrera de derecho, tres o cuatro años y así me van a dejar en paz, pensé. Pero yo tampoco quería ser diplomático. Lo que yo no quería era pasarme la vida a las órdenes de alguien y tanto los militares como los diplomáticos siempre tienen un señor encima. Además, si yo hubiera sido diplomático, ahora sería un viejo embajador retirado con una paga miserable, que es lo que le dan a esa pobre gente. Así, otro día, mi padre me dijo:
—¿Y qué quieres ser?
—Yo quiero ser periodista.
Se puso... Es como si le hubiera dicho papá, quiero ser maricón. Lo mismo.
—Pero, pero... ¡qué dices!

25

Yo ya había hecho amistad con una serie de gente, entre los que estaba Ignacio Agustí, que era el director de *Destino*. La cuestión es que trabajando en la revista un buen día me dieron mi primera paga, que eran unas treinta pesetas o algo así. Con ellas me fui al despacho de mi padre y le puse el dinero encima de la mesa, muy orgulloso, recordando que él me había advertido que me moriría de hambre, que en casa siempre tendría un plato de sopa, esas cosas que te dicen los padres para que no vuelvas nunca más. Cuando vio el dinero encima de la mesa me preguntó.

–¿Esto qué es?

–Esto es mi primer dinero.

Se puso lívido, dio un puñetazo encima de la mesa y dijo:

–¡En esta familia nadie ha ganado nunca dinero!

Para la gente de ahora una historia como ésta es incomprensible. Pero con esta educación y esta visión del mundo que recibí –estoy hablando de sesenta años atrás–, no es extraño que a la hora de firmar un contrato o de algo por el estilo a mí me dé vergüenza hablar de dinero. Y eso viene de esa educación espantosa que nos dieron en aquella época.

Mi padre era un hombre muy especial. Recuerdo que aquella conversación primera que tuvimos como personas normales, y a la que aludía antes, tuvo un prólogo la mar de curioso. Mis padres venían a verme dos veces al año a París y aprovechaban para pasar quince días conmigo en la ciudad. Y una de las veces mi madre me dijo:

–No sé qué le pasa a tu padre. Está como muy melancólico, está como triste. No sé qué le pasa y no me lo quiere decir.

Y una noche, era el mes de julio, en un hotel, mi hermano y yo le preguntamos.

—Oye, papá, ¿qué te pasa?

Y él:

—No, nada, nada.

Y entonces, debía de tener en esa época como unos setenta años, se para y dice:

—Es muy triste llegar a mi edad y estar arruinado.

Mi hermano y yo nos miramos y pensamos que cómo podía decir eso.

—Papá..., ¿arruinado?

—Sí, porque hasta el año pasado yo he vivido de las rentas de mis rentas y ahora me veo obligado a vivir sólo de mis rentas.

Al llegar a Barcelona, y para angustia de mi padre, yo me había hecho amigo de una buena cantidad de gente, como Pedro Pruna, pintor; Manolo Muntañola, decorador; Ignacio Agustí, escritor y ya he dicho que director de *Destino*, y sobre todo, de Josep Pla. Ellos tenían una tertulia en un café que se llamaba Términus, que estaba en una esquina de la calle Aragón, y allí logré colarme porque Pla me fascinaba, como me sigue fascinando. Al igual que el señor José María Aznar, yo leo el catalán perfectamente bien. No lo hablo porque lo hablo mal, pero lo leo perfectamente bien. Y he leído prácticamente toda la obra de Pla en catalán, que es una obra fascinante. Y he leído lo que escribió en la época en que no se permitía escribir en catalán y él creó una lengua que no era ni castellana ni catalana, que era la lengua de Pla y que era maravillosa.

Pla era una especie de santón y nadie se atrevía a decirle nada. Era él el que preguntaba. Y un día me dijo:

–Y usted, joven, ¿qué va a hacer en la vida?

Y yo le dije:

–Yo quiero ser escritor.

Y me miró y me dijo:

–Para eso hay que tener una cierta cultura.

Yo tenía diecinueve años, recién cumplidos. Y continuó:

–¿Usted sabe quién es el Vasari?

Gran casualidad. Mi carrera de escritor se la debo a esos minutos. Yo estaba leyendo en aquel preciso momento la *Vita* del Vasari. Porque en mi casa había una biblioteca, que nadie tocaba... Y yo iba sacando libros al buen tuntún. Y así pude contestarle:

–Pues el Vasari es un señor del siglo tal, que escribió la vida de todos los grandes pintores...

Y se quedó con la boca abierta y me cogió inmediatamente un gran afecto y me presentó a Josep Vergés, que era el gerente administrador de *Destino*. Y así empecé mi carrera literaria. Como es lógico, al empezar a escribir en *Destino* hice amistad con toda esta gente. Y mis padres siempre me preguntaban:

–¿Por qué siempre andas con los rojos?

Y es que los rojos eran unos señores que pintaban cuadros, que escribían libros... Del pobre Pedro Pruna decían que llevaba pintado en las plantas de los pies, en una, la Virgen, y en otra, el Sagrado Corazón, para así poder ir pisándolos todos los días. Pobre Pedro Pruna, que era un santo varón. No se le hubiera ocurrido nunca una ordinariez semejante.

En la calle Fernando había una casa de un editor que se llamaba Gustavo Gili y allí era donde aún se reunían más rojos. Y esos rojos fueron los que hicieron de esta ciudad una ciudad civilizada y gracias a la cual yo pude dar mis primeros pasos. Sin embargo, la atmósfera era de un tal espesor, de una tal violencia –porque esto duró mucho tiempo, duró cerca de tres años–, que un día me presentaron a una inglesa y me casé con ella para poder irme del país. En el año 1950 publiqué *Las Ramblas acaban en el mar*, me metieron en un proceso, me condenaron a once años y ya no volví más. Yo no tengo raíces. Yo soy un catalán pasado por agua, porque nací en Madrid. En aquella época las mujeres parían en su casa y mi madre era madrileña. Pero de verdad, de verdad, las raíces mías están en Barcelona, porque aquí es donde pasé mi infancia y la infancia es muy importante. Ahora: es verdad que yo he hecho toda mi vida en el extranjero. Siempre digo que al Francisco le debo algo que nunca le podré pagar. Le debo un exilio de treinta años en París. Y eso es impagable.

(31 de octubre de 1996)

Juan Marsé (Barcelona, 1933)

El día que mataron a Carmen Broto

El 11 de enero de 1949 alguien asesinó a Carmen Broto, una influyente puta barcelonesa. Eso fue tres días después de que Juan Marsé cumpliera los dieciséis años.

Juan Marsé es el propietario de uno de los mundos esenciales de la literatura española de posguerra. Un mundo limitado por un triángulo de barrios de Barcelona y donde habitan personajes extraños y vencidos. Uno de esos personajes, fundamentales en su poética, es Carmen Broto.

Buenas tardes:

Pregunta: Comencemos, si le parece, por lo elemental: ¿cómo conoció usted a Carmen Broto?

Respuesta: Yo tenía dieciséis años cuando los hechos del 11 de enero de 1949. En aquella época vivía en la barriada de La Salud, en casa de mis padres: en la calle Martí esquina con Escorial. Trabajaba en un taller de joyería de la calle San Salvador y aquel día, que era martes, salía de casa con el almuerzo debajo del brazo para ir al taller. Yo entraba a las nueve y por lo tanto debían de ser las nueve menos veinte o las nueve menos cuarto. Al salir de casa me asomé a la calle Escorial y vi cómo una docena de personas observaba con cierta expectativa un coche, un Ford tipo sedán, que estaba parado en la esquina de Escorial con Legalidad. Me acerqué: los vidrios estaban manchados de sangre y ahí estaba también la maza con la que acababan de matar a Carmen Broto.

Ya habían trasladado el cadáver. Me quedé un rato, por si venía la policía o pasaba alguna cosa. Luego me dirigí al taller. El asunto me interesó de una manera muy circunstancial. Seguramente porque había pasado cerca de mi casa. Treinta y cinco años después se me ocurrió una idea para una novela cuyo tema central era la adulteración de la verdad. Una doble adulteración: por un lado, la versión oficial de las autoridades de la época, y por el otro, la mitología popular. En la idea general de la novela introduje a Carmen Broto y su muerte. Dejé su nombre, además, aunque desdoblé su perfil: por un lado era una prostituta de lujo, la rubia platino de la época, vinculada con personalidades distinguidas, desde empresarios, militares, el obispo, incluso... Por cierto, que en la novela no me atreví a llamar al obispo Modrego por su nombre. Le puse Fermín, aunque ya he rectificado en versiones posteriores. En aquella época recuerdo que del obispo se decían dos cosas: una que era maricón y la otra que tenía una flota de taxis. Nunca lo puse en duda.

Lo que yo hice en esta novela está naturalmente a medio camino entre la ficción y la realidad. En ningún momento me interesó hacer la crónica exhaustiva y detallada de aquel hecho. Entre otras cosas porque entonces yo sabía de la misa la mitad. Sabía lo que publicaron los diarios durante tres o cuatro días. En *La Vanguardia*, sobre todo. Pero también eran crónicas bastante confusas. Recuerdo que la primera estaba firmada por J. F. Vila Sanjuan. Las otras ya no. Y había muchas contradicciones. No por culpa del periodista, sino porque supongo que él trabajó sobre una información muy escasa, muy condicionada y muy controlada.

Bien: el personaje era éste, la época era ésta y yo era un chaval de dieciséis años. Quiero decir que, por aquel entonces, la única cosa que me interesaba era divertirme, ésa es la verdad. En verano me iba a bañar a la Barceloneta o a Badalona. Y a bailar. Entonces no había televisión ni otras diversiones.

P. Pero ¿qué se sabe de la noche en que la mataron?

R. Para explicarlo es preciso que saltemos a otra época. Al mes de septiembre del año 1984. Hacía ocho años que la novela estaba publicada en España y entonces yo estaba en el hospital Los Camilos, de Sant Pere de Ribes. Había tenido un infarto y los diarios habían dado la noticia. Me figuro que fue por los diarios por lo que Jesús Navarro supo que yo estaba allí.

Jesús Navarro fue uno de los actores de aquel drama. Era y es el único superviviente. Los otros dos se suicidaron. Eran su padre y un amigo, Jaume Viñas. Navarro me escribió una carta diciéndome que había leído la novela, que la novela le había gustado mucho y le había interesado muchísimo, pero que era una lástima que no nos hubiésemos conocido antes porque me habría podido dar una información mucho más fidedigna de los hechos. De cómo se produjo el asesinato, de los motivos, etcétera. Cuando salí de la clínica me puse en contacto con él. Nos vimos. Y le dije: «Mira, la novela hace años que está escrita. Yo no tenía intención de explicar la verdad. Es decir, yo me tomé la libertad, como se la toma cualquier novelista, de utilizar los materiales reales, lo que podríamos llamar la crónica ciudadana de la época, para hacer de las mías. Para hacer ficción, que es mi trabajo. Y por lo tanto ni te ha de extrañar ni te ha de enfadar que las cosas no fueran exactamente así. Lo único es que te he de pedir disculpas», le dije, «por no haber cambiado los nombres.» Aún no me explico por qué dejé los nombres reales, tanto el de Jaume Viñas como el de Jesús Navarro. Pero me dijo que eso no le importaba, que sólo le habría gustado que se explicase la verdad. Y entonces le dije: «Bien, pues explícame la verdad.»

P. Pues explíquenos la verdad.
R. Hay varias. Primero está la de la policía. Ellos dijeron que los móviles del asesinato eran el robo, el robo de joyas. Carmen Broto era alguien que tenía muchas joyas: las que llevaba encima y las que guardaba en casa. Ésta fue la versión oficial y la que dio la prensa.

Luego está la versión del barrio y de la gente: era una mujer tan vinculada a personas importantes, que en algún momento podía comprometer el prestigio de muchas de ellas y había que taparle la boca. Según esta versión, Navarro y Viñas habrían sido, tan sólo, los instrumentos del asesinato.

La tercera versión me la proporcionó el propio Jesús Navarro, que desmentía rotundamente las dos anteriores. Según él, su padre, al saber que salía con esta señora, que tenía una relación muy intensa, muy íntima desde hacía tiempo, un día le llamó y le dijo. «Mira, esa chica con la que sales es confidente de la policía y está comprometiendo a muchos compañeros de un grupo que tenemos y con el que intentamos llevar adelante la lucha...» Es decir, el padre le confesó que estaba vinculado a un grupo de la resistencia antifranquista, clandestina, de la época, relacionada más o menos con el Partido Comunista y que de resultas de las denuncias que ella estaba haciendo a la policía habían caído algunos compañeros y era cuestión de acabar ya con esta historia. Le dijo que tenía la consigna de eliminarla. Y le pidió a su hijo que lo hiciera. Jesús Navarro accedió y reclamó la ayuda de Jaume Viñas, que era amigo suyo y trabajaba en el taller de ferretería del padre de Navarro.

Le escuché y le dije que no le creía. Que si a mí un día me venía mi padre y me decía mira, esta chica con la que sales nos compromete a todos y hemos de acabar con ella, yo le habría contestado mira, no jodas, liquídala tú si quieres. Me contestó que quería mucho a su padre, que él estaba en una situación apuradísima, que no tuvo más remedio que aceptarlo y hacerlo.

Yo soy partidario de creer que ella estaba relacionada con gente importante, incluso con asuntos, y esto lo hablamos precisamente con Jesús Navarro, de trata de menores... Asuntos muy sucios y muy gordos.

Y que sí, que podía haber alguien interesado en cerrarle la boca. Pero yo, en principio, me inclino a creer la versión más prosaica y elemental, que es la de las joyas.

P. Pero aquella misma noche murieron otras dos personas. Demasiada muerte para que esa hipótesis sea verosímil.

R. Sí, en efecto. Su padre se suicidó aquella misma noche con cianuro. Y Jaume Viñas, también. A éste lo encontraron en una habitación de hotel, ya cadáver, con una nota encima de la mesilla de noche que decía: «No se culpe a nadie de mi muerte. Soy inocente. La vida es sueño.» Eso decía. Debía de tener aficiones literarias.

Por supuesto, estos dos suicidios fueron muy extraños. Un robo de joyas no tiene este desenlace tan dramático. Además, luego se supo que las joyas que le robaron tenían muy poco valor. Pero, a pesar de todo, a mí me cuesta creer todas las otras historias, tan rocambolescas, tan de cine negro.

P. ¿Cómo circuló la noticia por el barrio, aquel barrio de sus dieciséis años?

R. La gente estaba convencida de que en aquel asunto había mucho marro, que había porquería bajo la alfombra y cosas, ya digo, muy gordas. El caso es que de manera sistemática la gente no creía lo que los diarios explicaban. Yo recuerdo a mi padre, en la mesa, diciéndome: «No pierdas el tiempo leyendo el diario, que estos puñeteros diarios de hoy en día no te explicarán nada que sea cierto.» Y éste era el criterio general. Lo que sucedió, además, es que aquel asesinato se convirtió en una especie de imagen emblemática de la época, de la inmoralidad del régimen, de una situación donde la realidad se falseaba continuamente, donde lo blanco era negro y lo negro blanco. En consecuencia, la opinión pública siempre tendía a pensar que había mucho más de lo que en realidad podía haber. Claro que a mí las hipótesis populares son las que siempre me suelen interesar más. Al fin y al cabo, yo soy un novelista.

P. ¿Quién era entonces Juan Marsé?
R. Un chaval que trabajaba en el taller de joyería de la calle San Salvador, muy cerca de donde vivía Josep Maria de Sucre, el pintor. Los chavales no lo sabíamos, entonces. Sucre era un señor que iba por la calle con las manos atrás, cabizbajo y que, de cuando en cuando, se paraba y nos decía: «Niño, por favor, ven aquí, hazme un favor. Dime cómo me llamo, dónde vivo y adónde voy.» «Usted es el señor Sucre», el nombre nos hacía mucha gracia, «y vive aquí en la calle de San Salvador y va al bar de la plaza Rovira a tomarse un carajillo.» Nosotros, los chavales de entonces, veíamos la vida como si nos enfilásemos por encima de una tapia y viésemos solamente una parte de lo que estaba pasando. Porque ya digo que en realidad no sabíamos quién era Sucre. Un día lo vimos hablar con un señor que iba con él y le oímos decir: «Ayer vi a Dalí y, coño, sí que ha hecho duros este tío. Es un caradura.» Recuerdo que iba con un amigo mío

y le dije: «Fíjate el señor Sucre, ayer vio a Dalí.» Dalí sí que sabíamos quién era. Debía de ser el año 1947 o 48. Dalí ya había vuelto de Estados Unidos y él había ido a verle, seguro que era verdad, seguro que había ido a verle a Cadaqués. Pero aquello resultaba como surrealista, imposible. Un hombre que iba deambulando por ahí de aquella manera, y que era de mi barrio, que viera a Dalí y todo eso...

P. Este tipo de cosas y de personajes son muy frecuentes en su poética. Recuerdo en *El embrujo de Shangai* aquel hombre que tenía el brazo...
R. Esto hube de modificarlo porque la realidad resultaba mucho más increíble. Un día salí a la calle y vi un señor que estaba en una esquina, brazo en alto. Y pensé: «Coño, ¿qué está pasando, un desfile o qué?» Me acerqué y observé que en otra esquina también había otro señor con el brazo levantado, pero en otra dirección. Entonces me di cuenta de que estaba escuchando el himno en la radio. En cambio, yo escribí que estaba cerca de un cuartel y que estaban arriando la bandera, que era menos increíble. En cuanto al otro, dejé entender que por mimetismo, por miedo o por lo que fuera se contagiaba del saludo y él a su vez saludaba, pero sin saber a qué saludaba.

P. Sus dos padres eran antifranquistas, ¿no?
R. Antes de todo mi padre era un catalanista tremendo, tremendo. A mí me inoculó un poco de este antinacionalismo que tengo, creo que por las palizas, palizas verbales quiero decir, sobre la patria y todo

esto. Era un buen hombre, era un hombre que creía verdaderamente en estas cosas. Había sido de Estat Català y después fue del PSUC. Y mi madre era la telefonista de la centralita del partido, aquí en Barcelona, durante la guerra. Es decir, yo tuve una formación que yo no sé cómo he salido de esta manera que he salido. Y escribiendo en castellano, además.

P. ¿Y sus padres qué opinaban de que Carmen Broto pudiera haber sido confidente de la policía y una víctima de grupos antifranquistas?

R. Es que esta versión, como he dicho antes, a mí me llega a través de Jesús Navarro. Él conducía el coche y su testimonio es el único que hay de los hechos. He de aclarar que actualmente Jesús Navarro es un gran amigo mío, nos vemos con frecuencia... El pagó su culpa: estuvo condenado a treinta años, de los que cumplió diez, y ahora merece todo el respeto. Él iba al volante, a su lado iba Carmen Broto y detrás iba Jaume Viñas, que fue quien la mató. Pero insisto en que ésta es la versión de Navarro, la que a mí me dio hace años. En la época de mi juventud, ni con mis padres ni con nadie se hablaba de todo esto.

P. De Carmen Broto, aparte de su muerte, se conoce muy poco.

R. Supongo que la policía debía de tener unos informes completísimos. Pero es verdad que trascendió muy poco. Un dato curioso es que en aquellos días no se vio ninguna fotografía de ella. Yo le pregunté a Jesús Navarro si guardaba una fotografía de ella y me dijo que no, hecho extrañísimo si es que eran tan íntimos. Después de escribir la novela mi interés ya no era profesional, sino estrictamente personal. Quería saber si había conexiones, sobre todo con gente importante. Esto me tenía fascinado: la doble vida que llevaba. Porque era una señora que podías encontrarla en un palco del Liceo o del Barça, o en una taberna, por la noche, con un limpiabotas. Vivía en el paseo de San Juan, esquina Padre Claret, y frecuentaba el bar Alaska, que aún existe. Se sabe que era de un pueblo de Aragón, que vino a Barcelona a servir y que hizo de criada durante un tiempo. Al parecer fue una muchacha guapísima y ambiciosa y acabó convertida en una prostituta de lujo. Tenía negocios. Negocios que tenían que ver, según contaban, con el hecho de traer a Barcelona a muchachas jóvenes de Galicia, para servir en casas de ricos. Algunas de ellas derivaban fácilmente hacia la prostitución y quedaban colocadas a cargo de gente importante. Todo esto fue, en mi opinión, lo que la policía tapó.

Nunca salió en la prensa ninguna fotografía de ella. Y en las crónicas tampoco salió nunca el nombre de nadie. Y desde luego se sabía que había estado relacionada con Julio Muñoz Ramonet, aquel multimillonario que vivía en el Palau Robert, y también con el empresario del Tívoli. Todo esto no sólo lo sabía Jesús Navarro, sino mucha otra gente.

P. Parece que también la conoció otro tipo de gente. Carlos Barral aseguraba...

R. Hubo un momento en que Carmen Broto se

convirtió en una especie de mito erótico y todo el mundo querría haberse metido en la cama con ella. Es verdad que Carlos Barral me había dicho: «Yo estuve coqueteando con ella y estuvimos a punto, a punto, pero...» El Seni, Antonio de Senillosa, dijo haberla conocido también. Y Albert Puig Palau me habló bastante de ella. También recibí una carta de Carmen de Lirio, que guardo, en la que me decía: «He leído tu novela, me ha gustado mucho y si nos hubiéramos conocido antes, yo te podría haber explicado cantidad de cosas.» Esto sí que me supo mal, porque eran íntimas amigas. Aunque después he tenido ocasión de conocer a Carmen de Lirio y tampoco me explicó gran cosa. Me da la impresión de que Carmen Broto se convirtió al fin en un personaje importante y la gente intuía que estar de alguna manera en la estela del personaje otorgaba prestigio.

P. ¿Qué camino le parece que siguió Carmen Broto en su inconsciente desde aquella primera mañana hasta la escritura de *Si te dicen que caí*?

R. Cuando empecé a escribir la novela tenía muy pocos elementos de juicio sobre el caso. El aspecto que más me interesaba, ya lo he dicho, es el desdoblamiento del personaje. La memoria popular la había convertido en una fulana de superlujo, extraordinaria, y esto, a través de los ojos y la imaginación de un niño –porque la novela se organiza mediante las voces de varios niños–, me ayudaba a mitificarla. Por otra parte, Carmen Broto era también una pobre prostituta que convivía con la miseria del barrio chino. Este desdoblamiento era lo que más me interesaba en la novela. Utilicé el personaje y el suceso porque los tenía a mano y porque tenía un recuerdo vivo de la imagen del coche ensangrentado. Fuera de esto, entonces no tenía mucho interés por ir al fondo del hecho ni por saber qué había pasado realmente. *Si te dicen que caí* es una novela donde se oyen muchas voces que, con frecuencia, se contradicen. Por ejemplo: hay un niño que explica una historia que él ha escuchado, que le han explicado en casa, tal vez. Y después surge otra voz que desmiente esta versión y crea otra, y sobre esta otra, otra voz..., y así sucesivamente. De esta confrontación entre diferentes versiones yo esperaba que surgiera otra realidad, una última verdad estrictamente literaria, por decirlo así, aunque esta verdad se sustentara en la ficción. Era como si multiplicando las mentiras se pudiera obtener una verdad. Esto era lo que yo me proponía, mezclando vivencias muy personales y crónica urbana. *Si te dicen que caí* es una novela muy autobiográfica, en el sentido de que las *aventis*, los juegos en la calle, el erotismo primario de la adolescencia..., todo esto es verídico. El asesinato de Carmen Broto está allí y resulta que está basado en un hecho real, pero también podría ser inventado. No es relevante que sea verdadero. Me gusta mucho una frase que escuché en una película de Woody Allen, que dice, hablando del realismo en el arte: «Detesto la realidad, pero es el único sitio donde puedes adquirir un buen bistec.» Todo lo que pueda haber de real en el asesinato de Carmen Broto, como suceso, lo utilicé porque lo tenía a mano.

P. ¿Antes había escrito sobre ella?
R. No. De hecho se me presentó en el libro en un episodio en el que un niño, aprendiz de joyería, se traslada al hotel Ritz con un paquete de joyas muy valiosas. Yo trabajaba en un taller de joyería desde los trece años. Durante el tiempo que fui aprendiz y hacía recados yo he llevado encima más pasta que la que nunca podré reunir en mi vida. Iba a entregar a los clientes joyas de brillante y de platino carísimas, increíbles. A los aprendices nos las ponían en una bolsa que se cerraba con un cordel muy fuerte, que nos anudaban al cinturón y que luego nos la introducían por dentro de los pantalones. Y estos recados los hacíamos colgados en los tranvías, yendo en metro, en una época en que todos los transportes iban muy llenos. Siempre ibas pendiente de que no te robaran. Una de aquellas entregas fue al hotel Ritz. Llamé a una habitación y me abrió una señora guapísima, rubia, que me recibió en *déshabillé* y que tenía un bonito perrito. Vivía en una suite que le había puesto un fulano, era una cliente habitual del taller donde yo trabajaba y le llevaba cada dos por tres unos brazaletes de platino y brillantes y unos collares y unos pendientes y unos anillos increíbles. Aún me acuerdo que me dio un duro de propina, que era muchísimo. Y recordaré siempre que dejó la puerta abierta, cogió el paquete y me dijo: «Espera un momento, chico.» Entonces fue adentro a buscar el duro. Aún la veo, caminando, con el perrito mordisqueándole los talones, con unas zapatillas rosas, el camisón y tal... Me dejó completamente fascinado. Y ésta fue la

primera imagen que relacioné con Carmen Broto y así la convertí en personaje de novela.

P. Antes ha hablado del obispo Modrego, pero sin dar detalles de por qué se le relacionó con el caso Carmen Broto.

R. Con esta historia se quiso hacer una película. La quería hacer Jaime Camino y quería que el guión lo escribiéramos Jaime Gil de Biedma y yo. Camino empezó a investigar y llegó a consultar el sumario del proceso a Jesús Navarro. Y un día nos dijo que una de las cosas que había leído era parte de un interrogatorio a una persona vinculada con el caso. Le habían hecho una pregunta, no recuerdo cuál, y dio esta respuesta: «Esto que se lo pregunten al señor obispo.» Recuerdo que le dije a Camino: «Hombre, pero con esto no podemos montar una escena.» Pero yo lo confronté. Hablé con el mismo Jesús Navarro y no me dijo que no. Insistió en que había mucho marro en el caso. No en relación directa con ella, con Carmen Broto, pero sí que ella se dedicaba a proporcionar material a otras personas, y era aquí donde estaba la cuestión. Yo no tengo más elementos. El caso era oscuro entonces y continúa siéndolo ahora. Es curioso: en aquella época los vendedores de prensa daban las noticias a gritos. Pero yo no recuerdo gritos del caso Carmen Broto. Es curioso... Lo digo porque en el año 48 murió en un accidente de aviación el campeón mundial de boxeo Marcel Cerdán. Y recuerdo que ese día, en la esquina –precisamente– del Palau Robert un vendedor chillaba: «¡Achicharrado, achicharrado, completamente achicharrado!» Cuando le miré me amplió la noticia: «El campeón del mundo, Marcel Cerdán, completamente achicharrado entre los restos de un avión.» Ningún vendedor, en cambio, gritó por ejemplo «¡Machacada!» para referirse a Carmen Broto. No sé si es o no un síntoma.

(Con el público)

P. Hay otro libro que habla del caso.
R. Sí, de un tal Speratti, *El crimen de la calle Legalidad*. Es un reportaje...

P. Vaya, yo lo leí como una novela. Pero, en fin, él habla de que uno de los personajes iba por las dos bandas, que era homosexual, vaya. ¿Quién era: el Viñas o el Navarro?
R. Los dos. Speratti me vino a pedir información para escribir una novela y se la proporcioné. Él todavía no me ha proporcionado su libro, por cierto.

P. Quizá yo no hable nunca con Navarro. Quizá usted sí hable. Querría que le preguntara. Él estuvo condenado a muerte. Y estando en prisión se casó con una chica, digamos, de familia normal de Barcelona. Mientras llevaba una vida de crápula, seguía teniendo una novia. El suegro no quería, pero al final se casaron estando él en prisión. Cuando estaba condenado a muerte, una persona le dijo a la chica: «Pronto te quedarás viuda.» Y ella le contestó, y esto es textual: «No, Franco le conmutará la pena.»

R. Debía de tener la esperanza...

P. Pero es que luego añadió: «Y se estará poco tiempo en la cárcel.» Y en realidad estuvo, proporcionalmente a la pena, poco tiempo. Y yo pienso que esto liga con una de las versiones que ha explicado sobre la influencia en el caso de gentes importantes.

R. Yo puedo explicarle lo que el propio Navarro me explicó sobre esto. En efecto, fue condenado a muerte, le conmutaron la pena por treinta años y cumplió un tercio. En definitiva, tampoco es tan extraño. Él tenía una novia que vivía en la calle Hospital o en Sant Pau, no recuerdo. Y cuando le condenaron él le dijo: «Mira, olvídame, porque lo contrario sería absurdo.» Y así fue. Después, cuando salió de la cárcel, en el año 59 o 60, Navarro rehízo su vida, encontró trabajo, se casó, tuvo hijos e, insisto, hoy en día es una persona respetable que ya ha pagado su deuda con la sociedad. En la cárcel, por lo que yo sé, fue tratado de manera normal y, en fin, cumplió diez años.

P. Querría decir que sí hay una foto publicada de Carmen Broto, que se publicó en *El Caso*, el año 1955. Yo la he visto. En cuanto al libro de Speratti, hay varios errores. Dice, por ejemplo, que nació en Voltaña cuando en realidad nació en un pueblo de al lado que se llama Guaso. Ha hablado usted también de Julio Muñoz Ramonet, el que vivía en el Palau Robert. Yo creo que ella tuvo relación con su hermano, que era el amo del Ritz. Y me ha sorprendido que cuando se ha hablado de la militancia antifranquista en relación con Carmen Broto se hablara del PSUC: yo siempre había oído que se trataba de gente más o menos vinculada al movimiento libertario. Puedo añadir algo y es que Carmen Broto tenía una hermana que vivía en la calle Príncipe de Asturias.

R. No sabría qué decirle... En cuanto a las fotografías, yo tengo una. Posiblemente sea única y no sé de dónde ha salido. En el pie de foto dice: «Carmen Broto nos muestra sus joyas y su magnífica figura.» La participación en toda la historia de grupos antifranquistas, sean cuales sean, es dudosa y yo no me la creí en su momento. Jesús Navarro había escrito un libro sobre los hechos y tenía pretensión de que se lo publicaran. Yo lo leí y le dije que los motivos que daba de la muerte no me parecían verosímiles. Pero verosímiles desde un punto de vista literario. Con el resto no me quise meter. Ya eran razón suficiente los motivos literarios. Le dije: «No me lo creo, porque no está bien escrito. Pero podría ser verdadero.» Aunque, en el fondo, yo creo que no, que lo que contaba tampoco era verdadero.

P. ¿El libro de Jesús Navarro está dedicado sólo a Carmen Broto o es una especie de autobiografía?

R. Empieza hablando de él, en un episodio fantástico, mucho más imaginativo que cualquier novela de Antonio Gala, por ejemplo. Se describe a sí mismo, en el Pueblo Español, bailando un bolero con Eva Duarte de Perón, el año 47. Lo digo seriamente, pero me explicaré. Navarro, en aquella época, trabajaba de chófer particular, siempre relacionado con gente importante. Cuando el homicidio él tenía veinticuatro años y era el chófer de una señora que frecuentaba autoridades militares y civiles. Cuando Eva Duarte de Perón vino a Barcelona en el año 47, le prepararon una fiesta en el Pueblo Español. Él acudió con esta señora, de la que era chófer y guardaespaldas, una especie de sirviente. Jesús Navarro era un hombre joven y muy atractivo y parece ser que Eva Duarte se interesó por él, porque quería hablar con alguien del pueblo llano. Le hizo algunas preguntas y entonces él, según cuenta en su escrito de manera muy natural, le preguntó si tenía ganas de bailar, ella le dijo que sí y se pusieron a bailar un bolero. En aquella época podía pasar de todo. Y esto también podía pasar.

P. Yo tengo una duda. En aquellos días, yo vivía en el paseo de Sant Joan, antes General Mola, esquina con Rosellón. Y me parece recordar que el cuerpo había aparecido en una especie de descampado y no en un coche, como me ha parecido deducir de lo que usted ha dicho.

R. No, no. En el coche sólo quedaba la sangre. La golpearon en el coche hasta casi matarla y después la remataron. En la calle Escorial, concretamente en una manzana que va de Escorial hacia Alegre de Dalt, entre las calles Legalitat y Encarnació, había un solar al que llamábamos Can Compte. Y todavía había restos de una masía que se debía de llamar igual. Los chavales solíamos saltar la tapia y entrábamos. Lo habíamos hecho muchas veces. Hoy en día hay un edificio de la Telefónica y la Caixa. Quedan unas palmeras, que habían estado allí siempre, y bloques de casas. Allí la enterraron. La sacaron del coche, aparcado en Escorial, y dejaron un rastro de sangre que fue lo que permitió descubrir el cadáver. La enterraron en un huerto, que era propiedad del padre de Navarro. Al intentar escapar, el coche hizo como un petardeo que parecían tiros, y aquello alertó al vigilante o al sereno, que acudió. Entonces, ellos escaparon corriendo y dejaron el coche abandonado. Luego, la policía sólo hubo de seguir el rastro de la sangre.

P. Hace treinta años que sigo el caso, porque es un crimen que me apasiona. Usted no ha explicado lo que pudo pasar antes del crimen. Los de los Buicks negros, que tenían mucho dinero, cerraban el bar Alaska y allá hacían *varietés*. El champán corría a go-gó. A la Broto yo la conocí de muy niño, con siete años o así. Yo trabajaba de aprendiz en una tienda de lencería que había en la Ronda de Universidad. Ella iba mucho a La Luna, que estaba al lado. Su fotografía estuvo muchos años expuesta en una tienda de la calle Aribau.

R. (...)

P. ¿No podría ser, señor Marsé, que fueran unos vulgares chorizos y que sólo quisieran robarle?

R. Bueno, ya he dicho que ésta es la versión oficial...

P. Se lo pregunto porque yo soy del Front Nacional de Catalunya, casi desde su fundación en el año 1942, y creo que eso que le explicó el señor Navarro es delirante.

R. Sí, pero tampoco resulta demasiado verosímil que unas personas que le querían robar las joyas tuvieran necesidad de matarla y tampoco se acaba de explicar lo de los suicidios. Es un poco desmesurado el resultado en relación con el proyecto de robarle las joyas. Y, por otra parte, ella y Navarro y Viñas tenían una relación muy íntima. Cogerle un anillo o pedírselo podían hacerlo. Ellos sabían dónde tenía las joyas y no las tocaron. En fin, no sé. Yo no tengo una teoría formada de manera absoluta. Tal vez algún día Jesús Navarro me lo explicará.

P. ¿Qué recuerdo, genérico, guarda usted de la posguerra?
R. Desde un punto de vista emocional y sentimental podría hablar de alguna novieta, de alguna tontería así. No hay gran cosa. O sí: lecturas, películas. En un sentido sociológico no creo que contasen demasiado los sentimientos. No tenía un conocimiento ni una curiosidad sobre la época como los que tengo ahora. Uno se dedicaba a salir a la calle a jugar, a coquetear con una nena, a bailar o a ir a la playa. Lo que sí puedo decir es que la ciudad y el barrio me entraban por los ojos. Como aprendiz del taller de joyería me pateé Barcelona. A los catorce años yo me conocía la ciudad de arriba abajo. Por ejemplo, el barrio Gótico, donde estaban los engastadores y los grabadores, que eran los que clavaban las piedras y hacían los grabados. Todos, curiosamente, vivían por allá. En pisos pequeñitos y sórdidos y mal iluminados. Trabajaban en su propia casa, sobre un mostrador,

con unas viseras verdes. Yo tuve un conocimiento físico de Barcelona desde muy niño. Por las calles circulaba mucha gente mutilada, muchos cojos y mancos. La gente tenía cara de mala leche, una cara de mala leche espantosa. Había hombres y mujeres que de repente se caían por la calle, por debilidad o por lo que fuera. Se trataba de una Barcelona muy triste, muy triste. Se daban pequeños dramas en los tranvías: el pobre mariconcete que intentaba tocarte el culo... Un día yo iba en la plataforma del tranvía, que estaba muy llena, y uno de ellos se me puso detrás y se intentó aprovechar. Me entró un ataque de machismo y me giré y le dije: «Salta inmediatamente del tranvía, marrano.» El caso es que el tranvía bajaba a toda pastilla por la calle Salmerón y este hombre, cuando se sintió acosado por todas las miradas, saltó al vacío y fue un milagro que no se matara. No quiero decir que me gustara que estuviera allí, detrás de mí, pero me comporté como un salvaje.

P. Estoy un poco emocionado. No sé si me recuerdas: soy Xifreu.
R. Ricard Xifreu. Sí.

P. Exactamente. Sólo quería recordarte que también habíamos pasado buenos momentos, que no todo fue tristeza.
R. Muchas gracias.

(7 de noviembre de 1996)

Llorenç Gomis (Barcelona, 1924)

El día que Galinsoga entró en la iglesia

Un domingo de junio de 1959, la madre de Llorenç Gomis pasaba la bandeja, como de costumbre, en la iglesia de Sant Ildefons. En una de las filas observó que un hombre protestaba de manera muy visible. Era Luis de Galinsoga, director de *La Vanguardia*, que estaba a punto de pronunciar una frase inmortal.

El señor Llorenç Gomis es un poeta irónico y profundo, un periodista refinado e influyente y un memorialista que ha escrito un espléndido libro en su género. Al señor Gomis, de cuando en cuando, le proponen hacer de hombre bueno, es decir, de mediador entre colectivos enfrentados. Ahora, por ejemplo, es síndico de la Universitat Pompeu Fabra y preside el Consejo de la Información de Cataluña. Algunos piensan que su apariencia patriarcal favorece este oficio de hombre bueno. Pero seguramente es también una cuestión de sintaxis. Sintaxis en el sentido que le daba Valéry: «La sintaxis», decía, «es un valor moral.» El señor Gomis explicará quién fue Luis de Galinsoga. Otra sintaxis.

Buenas tardes:

Era el 21 de junio de 1959, a las nueve de la mañana, en la iglesia de las Damas Negras de la Travessera de Gràcia, donde la parroquia de San Ildefonso tenía su sede provisional. Aparentemente, el protagonista del momento era el señor rector Narcís Saguer, porque aquélla era la misa parroquial y la estaba diciendo él. Dos señoras pasaron la bandeja en el momento oportuno. Una de esas señoras era mi madre.

La otra era una amiga y vecina que se llamaba Núria de Ferrater Llorach, sobrina de Isabel Llorach, personaje muy importante en la vida barcelonesa y fundadora, antes de la guerra, del Conferencia Club. Las dos señoras pasaban con la bandeja por la fila central de la iglesia y se reunían al final. Aquel domingo la señora Aparicio le dijo a mi madre:

–Hay un señor enfurecido, en un banco, que no sé qué quiere. Parece que protesta.

–Dile que vaya a la sacristía.

Mosén Ignasi Cases, uno de los sacerdotes de la parroquia, estaba en aquel momento confesando, en el fondo. Él vio, en efecto, a un hombre que iba muy apresurado hacia la sacristía.

Aquel hombre, ahora sabemos que se llamaba Luis de Galinsoga, entra entonces en la sacristía, enfurecido, y ve a un señor con sotana. Piensa que es el cura y empieza con su protesta.

–Están diciendo la misa en catalán.

El de la sotana era sacristán y andaluz.

–No, no. La misa es en latín.

Desde el fondo de la sacristía se va acercando un sacerdote. Alto y corpulento. Era un sacerdote adscrito a la parroquia. Se llamaba Luis Gómez. Su padre era un dirigente de Altos Hornos de Vizcaya. Había hecho la guerra con los nacionales, con Franco.

–¿Qué desea?

Entonces, Luis de Galinsoga repitió su protesta.

Don Luis Gómez, que era vasco, le explicó con mucha precisión y cortesía que en la iglesia se decían ocho misas. Y que en dos de ellas la homilía se decía en catalán y en las otra seis en castellano. Las explicaciones no dejaron satisfecho al señor Luis de Galinsoga.

–Dígale al señor cura que él y sus feligreses son una mierda.

Sacó su tarjeta y la dejó encima de la mesa como si fuera un reto. Y consta que salió de la iglesia murmurando: «Catalanes de mierda.»

No se sabe bien bien en qué momento pronunció aquella famosa frase, que se divulgó en todo tipo de papeles, «Los catalanes son una mierda». Yo tiendo a pensar que fue en un tercer momento, al salir del templo, cuando se encontró con una señora ante la que intentó otra vez la protesta. Pero no obtuvo eco. Todo el mundo se acercó a la sacristía a ver qué había pasado.

Los sacerdotes de la parroquia –entonces había alguno más que ahora– se reunieron en una especie de concilio para ver lo que hacían. Esto era el día 21. Con fecha del 25 sale una carta, firmada por mosén Narcís Saguer, dirigida al señor Galinsoga, que vivía en la Travessera, relativamente cerca de la parroquia.

La carta se había pensado bastante. Incluía la tarjeta de Galinsoga y lo trataba de «Honorable señor». El argumento era: «Como debe tratarse indudablemente de un caso de suplantación de personalidad, pongo el hecho en conocimiento de vuestra excelencia, para que pueda tomar las medidas pertinentes y evitar en lo sucesivo que ocurran escenas de esta índole, que podrían redundar en menoscabo de la fama de honorabilidad y caballerosidad que goza vuestra excelencia entre los ciudadanos de Barcelona.» En el primer párrafo se explicaba que el supuesto suplantador había proferido «unas frases soeces contra el infrascrito rector y sus feligreses».

Esto sucedía el 25. Del día siguiente hay otra carta. De respuesta. Galinsoga le decía a mosén Saguer: «Muy señor mío. Recibida su carta con la devolución de la tarjeta.» Luego se explica. No le duelen prendas. «Agradezco su buena intención de evitar posibles suplantaciones, pero en este caso está usted equivocado. La tarjeta es, en efecto, mía. Fui yo en verdad quien protestó en la sacristía por tener que oír en la misa una plática en lengua que no entiendo.» Luego se alargaba un poco. Hay otro trozo interesante donde decía: «Añadí entonces», Galisonga a Luis Gómez, el sacerdote que lo atendió, «que no pesaría ciertamente sobre mi conciencia de católico, de una formación religiosa profunda, acrisolada, a través de seis años de colegio de jesuitas, si no podía cumplir con el precepto, pues me marchaba de viaje en aquel momento.»

Se ve que era un hombre cumplidor, que había ido a los jesuitas de pequeño. «Gracias a Dios», continuaba, «pude oírla en un pueblo de la provincia de Lérida, donde tuve la satisfacción de ver la hoja parroquial escrita en castellano, a pesar de tratarse de un pueblecito donde la lengua catalana puede tener uso más aceptable, como la gallega en los pueblos de Galicia, por ejemplo. En Barcelona, ciudad cosmopolita, me parece que el caso tiene otra significación y tal vez otro retintín. Perdóneme la sinceridad con que le hablo. En otra ocasión, he observado la tendencia de esta parroquia a estas expresiones que no me parecen apropiadas a una feligresía, donde no dejamos de abundar los españoles que nos honramos de serlo y creemos tener derecho a que nos hablen en el idioma oficial de la nación a que gracias a Dios pertenecemos.»

Esto era el 26. La tercera carta es del día 27. Se ve que había unos carteros rápidos. Para mí es la carta más bonita, sutil e interesante. Es la respuesta de mosén Narcís. Vale la pena conocerla entera. El tratamiento inicial es ahora el de «Muy señor mío», que es como Galisonga trataba al rector. «Siento mucho que fuera usted la persona que entró en nuestra sacristía el pasado domingo para protestar de un hecho que usted considera absurdo. Tal vez, la forma vehemente con que se expresó usted no le permitió advertir que salían disparadas y disparatadas unas frases muy poco académicas y poco corrientes en nuestro lenguaje cívico, lo cual causó el más grande asombro a los interlocutores de usted. A todos nos ha ocurrido alguna vez que en un momento de intensa vehemencia proferimos palabras que después estimamos de todo punto exageradas y deseamos rectificar.» (Aquí hay una puerta abierta por si quiere pedir perdón.) «Ahora permítame que le manifieste unos puntos de vista sobre el asunto que ha promovido este contacto epistolar. El hecho de hablar en catalán no supone, de ninguna manera, desprecio para la lengua hermana. Es simplemente la continuidad de una tradición de iglesia que se ha dirigido siempre a los fieles en su propia lengua materna. En nuestra iglesia parroquial se celebran todos los domingos ocho misas, de ellas solamente dos se predican en lengua catalana y las seis restantes en castellano. Recientemente, nuestro Señor Arzobispo ha publicado un directorio de la misa con las admoniciones para los fieles y ha editado uno en catalán y otro en castellano para que puedan utilizarlo indistintamente unos y otros según se crea conveniente.

»No me diga que el catalán ya está bien en los pueblecitos para aquellas gentes incultas. Los que viven en la ciudad tienen el mismo derecho que los pueblerinos a oír la palabra de Dios en su propia lengua. Este derecho lo ha reconocido siempre la Iglesia. Todos nos hemos encontrado oyendo un sermón en lengua desconocida para nosotros. Sin salir de España, todos los años pasamos unos días de vacaciones en el santuario de Loyola. Allí, en las misas de los días festivos, los padres jesuitas predican casi exclusivamente en lengua vasca, de la cual no entiendo una palabra. Comprendo que las gentes de aquellos caseríos tienen derecho a que se les instruya en su lengua nativa.

»No crea que sea exclusivo de esta parroquia el uso moderado de la lengua catalana. En casi todas las parroquias de Barcelona se predica en catalán por lo menos en la misa parroquial y en algunas en más de dos o tres misas, a criterio del párroco y según las circunstancias de la feligresía. Si alguna vez tiene usted necesidad de ir a misa a primera hora venga usted a misa de las ocho, una misa dicha en castellano con varios cánticos, y oirá el padrenuestro en tono mozárabe, que es una pura delicia.

»Si recordáramos la frase de Menéndez Pelayo cuando dice que la lengua catalana no es una lengua bastarda, sino una lengua hermana de la castellana y de las demás lenguas ibéricas, hijas todas de una lengua común, tal vez moderaríamos nuestro ímpetu. Hijos de un celo exagerado por una unidad que no se menoscaba con la variedad de expresiones lingüísticas, antes bien se enriquece con ellas, como se enriquece con la variedad de sus paisajes, de sus costumbres y de sus tradiciones.

»Comprenderá usted que no intento con esta carta convencerle. Tiene usted formado y arraigado su criterio y es natural que lo sostenga con sinceridad. He intentado únicamente pedirle un poco de comprensión para los que en este punto concreto disentimos de la opinión y criterio de usted. Tal vez si examináramos los dos criterios con las reglas de la lógica en la mano y ante un tribunal independiente la razón se inclinaría de nuestra parte. Le saluda con el mayor afecto, Narciso Saguer, párroco.»

Estas tres cartas tuvieron mucho éxito. Yo recuerdo haberlas leído en la propia parroquia. Mosén Narcís las enseñaba a los amigos, sobre todo la última, que era una obra maestra. Todo el mundo le decía que estaba muy bien. Y había quien pedía copia. Se hicieron muchas copias mecanografiadas, en papel carbón, primero, y después en ciclostil, que ya tenía mayor calidad. Era el mes de julio. El verano es un paréntesis.

Y yo quisiera aprovechar este paréntesis para explicar quién era este señor tan extraño. Políticamente era monárquico. Estuvo en Cartagena cuando Alfonso XIII salió por allí de España. Era un monárquico fervoroso y en el pasado había sido maurista. Cuando se desencadenó todo el asunto, hizo un último intento de defensa, en un artículo muy largo que llamó «Afecto y servicio a Cataluña», y que publicó en enero. Un artículo patético, porque el único argumento que encontró para expresar de manera convincente su afecto y su servicio fue que en el año 1916 o 1917, *La Acción*, diario maurista, le envió a Barcelona con la consigna de hacer quedar bien a los regionalistas de Cambó. En aquellos momentos, Cambó y Maura estaban en muy buena relación. Galinsoga explicaba que había escrito una información muy favorable sobre Cambó y el catalanismo: no hay duda de que el argumento es ligero.

Luego, durante algunos años, Galinsoga fue cronista de sociedad en *ABC* y acabó siendo su director. Al estallar la guerra aún lo era, pero rápidamente pasó a la zona nacional y fue nombrado director de *ABC* de Sevilla. Hablando, era un hombre muy ingenioso. Familiarmente era muy desgraciado. Estaba casado con una mujer madrileña, de buena familia. Pero una mujer muy histérica. Algunos dicen que hasta loca: los grados de locura son muy relativos. Los que estaban al corriente de su situación familiar lo llamaban «El santo de Luis». Se ve que en casa aguantaba carros y carretas, pero cuando llegaba al diario se convertía en un hombre muy diferente.

¿Cómo era Galinsoga visto desde dentro, visto desde *La Vanguardia*? De esto no se ha escrito demasiado. Ha de recordarse que Galinsoga no fue el primer director de *La Vanguardia* después de la guerra. El primero fue Manuel Aznar. Aunque la primera *Vanguardia* que salió no fue aún la de Aznar, sino la que hizo un grupo de personas, en el que la más importante era el periodista Ángel Marsá. Marsá era masón, radical, lerrouxista y había entrado en el diario de la mano de Martínez Tomás. Era un buen periodista, un hombre inteligente que había colaborado muy intensamente con Gaziel. Pasó la guerra refugiado en el Ayuntamiento. Por sus antecedentes no parecía un franquista o un hombre muy de derechas. Cuando entraron las tropas en Barcelona, se hizo cargo del diario y con el resto de sus compañeros sacaron a la calle un par de números.

Aznar vino a hacerse cargo del diario acompañado de Josep Pla, que era el subdirector. Aznar y Pla eran amigos. Los estudiosos del periodismo dicen que *La Vanguardia*, dentro de lo que era la época y las consignas y la censura, era entonces un diario que quería ser un diario, que quería mantener un cierto tono periodístico. Pero esa voluntad no duró más de tres meses. Cuando murió Pio XI y se produjo el cónclave, Manuel Aznar se fue a Roma y ya no volvió como director. Hay diferentes interpretaciones. Unos dicen que Aznar no quería venir a Barcelona, ni como director de *La Vanguardia*, que él quería algo en Madrid. Otros dicen que no: que estando él en Roma le llegó la comunicación de que se había nombrado un nuevo director. Pla lo llamó y *La Vanguardia* dio la noticia con cierta cautela. La auténtica presentación de Galinsoga a los lectores de *La Vanguardia* la hizo él mismo a través de un artículo que tituló «Un español en Barcelona». Cayó mal porque en aquel momento había al menos un millón de barceloneses que pensaban que también eran españoles. Este artículo da el tono del hombre: un hombre que llega y se cree que ha de explicárselo todo a los que viven en el lugar.

¿Quién nombró a Galinsoga? Parece que fue Serrano Súñer. Serrano Súñer visitó en adelante muchas veces Barcelona y en una de esas visitas dijo: «Yo tengo una deuda con *La Vanguardia* porque tengo que expiar el mal que le hice con el nombramiento de Galinsoga.» El propio Galinsoga tampoco pasaba por alto la deuda: Jaume Fabre en el libro *Periodistes uniformats* incluye una serie de títulos de primera página de la época. Hay uno gracioso del 15 de junio de 1939 que dice: «La nación de santa y soberana altanería acoge en Las Ramblas con emoción cordial y con expansiones jubilosas a Serrano Súñer, apóstol de nuestra grandeza y nuestra unidad.» Éste era el estilo de la información de Galinsoga.

Era un hombre que vivía en la Travessera, pero también tenía un piso en Madrid, que le pagaba la propia empresa de *La Vanguardia*. Vivía mucho en Madrid. Llevó de subdirector a un amigo, Eduardo Palacio Valdés, que era el crítico de toros y el hombre que realmente llevaba el diario junto con el redactor-jefe, el catalán Paco Garrigó, que era de familia carlista.

Cuando Galinsoga iba a Madrid dejaba como responsable a Palacio Valdés. Solía decirle una frase: «Vigila, Eduardo, vigila.» No confiaba demasiado en lo que pudiera pasar, y de lo que pudiera pasar hacía responsable al subdirector.

Galinsoga tenía una luz en la puerta de su despacho, que siempre estaba roja, como un semáforo. Quería decir que nadie debía entrar en su despacho. El de Palacio Valdés, por el contrario, siempre estaba lleno de gente que entraba y salía. El director se relacionaba con poca gente. En la redacción tenía algunos preferidos, pero raramente entraba allí. Se cuenta que una vez que entró, rodeado de los tres o cuatro redactores más importantes, vio cómo llegaba un camarero vestido de blanco y se le encaró: «¿Quién es usted? ¿Qué hace usted aquí?» Dijo tres veces su palabra favorita –la que incluso había proferido en la iglesia–, y luego: «¡Váyase!» A partir de aquel día los camareros del bar Sol, que estaba detrás del diario, en la calle Tallers, no pudieron entrar en la redacción. Un bedel bajaba a buscar los cafés.

Otro día se cuenta que Galinsoga salió de su despacho y vio a un ordenanza sentado, que no le saludó. El director se le encaró: «¡Cómo no me saluda!» Y el ordenanza le contestó: «No le conozco.» De la respuesta de Galinsoga nos han llegado dos variantes. Una: «Bien se adivina en mi porte que yo soy alguien en esta casa.» Y la otra: «Por mi porte se adivina quién soy yo en esta casa.» Todas las anécdotas dan a entender que el hombre se sentía solo, con poca gente de confianza, incómodo. Cualquier cosa un poco extraña que veía –fuese alguien que no le saludara o un camarero que entrase– le parecía una ruptura con el orden establecido.

Hay que decir, de todos modos, que las relaciones con la redacción eran correctas, teniendo en cuenta el carácter del personaje. En este carácter entraba el suspender de empleo y sueldo por dos o tres días, según la falta, a los diferentes redactores. Les decía: «Vaya a la administración y diga que queda usted suspendido de empleo y sueldo por dos días.» El redactor iba a la administración y la administración no hacía caso. Se ha de tener en cuenta que los sueldos eran tan bajos que un día no representaba una cifra notable.

Galinsoga era una persona incrustrada en el lugar. En realidad, fuera de sus despachos en el periódico y en la Zona Franca, no vivía en Barcelona. Así como por ejemplo Xavier de Echarri, un director que vino luego, iba cada domingo al palco del Barça y cenaba con mucha gente, de él no se sabe que tuviera vida social. Tal vez sólo esperara el momento de volver a ser director del *ABC*, o de ser nombrado ministro. Su malestar con la propia ciudad era evidente. Hay una anécdota, que contaba el periodista Voltes Bou, que retrata muy bien esto. Un día entró en el Heildeberg, de la Ronda Universidad, y se encontró con Voltes.

–¿Qué hay, Voltes?

Voltes, que suele tener un aire displicente, le contestó:

–Pues nada, don Luis, aquí, a ver si me sirven un café.

El otro lo entendió inmediatamente como una protesta. Y empezó a dar voces a los camareros.

–¡Estos cafés de Barcelona, que son de tercera! El caballero está esperando un café y no se lo sirven.

Para acabarlo de rematar, Galinsoga tenía mala relación con la administración y la propiedad. El propietario era procurador en Cortes, como el director, pero no dominaba como él el terreno político madrileño. Y la fuerza de Galinsoga era su relación con Franco. Para la festividad del Carmen era de rigor cada año que en la primera página de *La Vanguardia* apareciera un retrato nuevo, expresamente hecho para aquella portada por el fotógrafo Campúa, de doña Carmen Polo de Franco. Cuando las relaciones con el propietario pasaban por algún momento de tirantez, Galinsoga pedía que le pusieran con Franco. Después se descubrió, según me ha explicado Lluís Permanyer, que este Franco no era el verdadero Franco, sino que se trataba de su primo, el general Franco Salgado-Araujo.

El verdadero Franco, el generalísimo, lo solía recibir de todos modos con regularidad. En 1956 lo recibió dos veces. En 1957 y los años sucesivos, una. Hasta 1960, en que pidió audiencia y no se le concedió. Galinsoga se aprovechaba de esta relación. Todos sabemos que hizo una biografía del *Centinela de Occidente*, que así llamaban a Franco, y que escribió sobre él muchos artículos apologéticos. Recuerdo uno en que contaba que había ido a unas maniobras militares y estaba admirado de que Franco, a su edad, no sintiera necesidades fisiológicas, de que su próstata fuera tan admirable y sorprendente.

Se decía que Galinsoga amargaba el desayuno de

los barceloneses. Pero es verdad que la gente lo tomaba como un personaje muy específico y que eso no afectaba al conjunto del diario. Sus artículos debían imprimirse con una letra especial, la letra *garamond*. Y debían cuidarse muchísimo. Un corrector que osó, por su cuenta y riesgo, introducir alguna mínima enmienda se encontró al día siguiente con una nota del director que empezaba diciendo: «Los correctores de pruebas, esos oficiosos del remiendo.» También decían que, por encima de todo, quería ser ministro. «En España si no se es ministro no se es nadie», aseguran haberle oído. Mientras no le hacían ministro se consolaba con la dirección del diario más importante de España. Lástima que estuviera en Barcelona.

Su paso por el periódico –que fue largo: más de veinte años–, no aportó técnicamente grandes novedades. Con la excepción, tal vez, de los corresponsales extranjeros. Aunque también hay que tener en cuenta que una buena información internacional era la obsesión del propietario. El propietario viajaba mucho y los corresponsales, aparte de la información que daban, actuaban muy frecuentemente como anfitriones de don Carlos, como corresponsales de la propiedad. Así, lo más interesante, técnicamente hablando, de aquella época era la espléndida sección de Extranjero, que dirigía Santiago Nadal, más o menos vigilada por la censura y por la germanofilia del director.

Galinsoga escribía una sección, una seccioncilla, que se llamaba «Cosas que pasan». Estas «cosas que pasan» pasaban casi siempre cerca, al lado de la Travessera, que era donde él vivía. La gente de la redacción las llamaba «Cosas que me pasan».

Era germanófilo. Naturalmente, hablamos de la época de la Segunda Guerra Mundial. La redacción de Extranjero era aliadófila. El propietario mismo era filobritánico. De resultas de todo ello se producía una cierta tensión. A Santiago Nadal le quitó la firma y firmaba sus comentarios con una «S» y una «N». Al cabo de un tiempo, magnánimamente, le dijo: «Nadal, vuelva usted a firmar.» El otro, que también era un caballero, le contestó que prefería continuar con las iniciales.

Otra anécdota curiosa, referida también a la sección de Internacional, sucedió a finales de la guerra mundial. Las tropas aliadas –francesas, inglesas– avanzaban por un lado y las soviéticas por otro. En las pruebas de imprenta vio dibujado un mapa donde se veía claramente el avance soviético. Entonces llamó a Antonio Carrero, segundo de a bordo en la sección. «Carrero, ¿cómo me pone a los rusos tan adelante?» Luego añadió: «Si esta gente llega hasta aquí nos colgarán a todos de un farol.» Esto del farol debía de ser una manía muy particular. Se explica que en el año 1956, cuando el levantamiento de Hungría –que produjo una gran conmoción–, aparecieron unas fotografías de la gente de Budapest ahorcando policías comunistas. El redactor que se cuidaba de la información gráfica le presentó las fotos con entusiasmo profesional, pensando que unos comunistas ahorcados deberían agradarle a su jefe: «Don Luis, vea usted qué fotos tenemos.» Se las quedó mirando y dijo: «Archívelas. No sea que la gente de aquí tome mal ejemplo.»

Explicaré la última anécdota. También de la sección de Extranjero. Un día, un bedel pasó a la firma unos pliegos de «adhesión al Caudillo». Era la época del bloqueo a España y una de las iniciativas de réplica eran esos pliegos de firmas. El bedel pasó los pliegos al señor Nadal y el señor Nadal dijo que no quería firmar. El señor Carrero dijo que él tampoco firmaba. El señor Casán, que era el tercero, tampoco. Al cabo de unos minutos entró un bedel: «Señor Casán, el director le llama.» Casán se asustó y Carrero le dijo por lo bajo: «La cuerda se rompe por lo más delgado.» Casán entró en el despacho y Galinsoga le dijo: «Casán, tengo un problema con FECSA.» No pasaba nada. Casán trabajaba en FECSA. Era corriente que los periodistas trabajasen en dos sitios. A las ocho de la mañana iba a FECSA y salía a las seis de la tarde. A las siete entraba en *La Vanguardia*. Y estaba hasta la madrugada. Galinsoga también tenía dos trabajos. Era el director de *La Vanguardia* y el delegado del gobierno en la Zona Franca. Claro que eran otros trabajos.

Hemos cerrado el paréntesis. A pesar de que había pasado el verano, los hechos de la parroquia de San Ildefonso aún flotaban en el ambiente. Entonces entró en escena un chico joven, que era médico: Jordi Pujol. Era uno de los animadores del grupo CC –*Cristians Catalans*, se supone que quería decir–. Josep Espar-Ticó dice en sus memorias: «La vocación política de

Jordi Pujol explotó con el asunto Galinsoga.» Espar vivió muy de cerca el caso y explica bastantes anécdotas y narra los momentos de desánimo, cuando la gente veía que no se sacaba nada de la campaña. Esos momentos en que Jordi Pujol se levantaba y soltaba una proclama: «*Cal que caigui*» [Tiene que caer]. Entonces la gente se volvía a animar.

Una iniciativa central de la campaña fue el boicot a *La Vanguardia*. Hay diferentes versiones, pero quizá sea la de Espar a la que haya que hacer más caso. El boicot comenzó con el envío de bajas de suscripción. Algunas de esas bajas eran reales y otras falsas. Pero se trataba de impresionar. También hubo gente que dejó de comprar el diario. Las cifras oscilan. Un artículo publicado en *La Vanguardia* habla de 10.000 ejemplares menos. Las octavillas hablaban entonces de 15.000 o 30.000. El efecto se aumentaba con la compra de *Vanguardias* en los traperos. El grupo de la Academia de la Lengua Catalana, una de las secciones de la congregación mariana del padre Vergés, que eran pocos pero muy activos, iban al trapero y compraban varios kilos de *Vanguardias*. Luego las esparcían por las calles y el paso de los coches multiplicaba el efecto. La protesta era espectacular. Albert Manent, en sus memorias, alude a un mediodía de domingo, delante de la iglesia de Pompeya: «*Uns xicots de la congregació mariana han escampat Vanguardies*» [Unos chicos de la congregación mariana han repartido Vanguardias].

El efecto de la campaña iba aumentando. Se rompieron algunos cristales del diario. Se bajaron las persianas metálicas a modo de protección. Pero lo importante parece que fue el boicot de anuncios: hasta entonces el efecto de la bajada de ventas era relativo. Espar dice: «*Les telefonades eren contundents: "¡Si anuncieu més a* La Vanguardia *us empenedireu! Us prevenim: no anuncieu més a* La Vanguardia"» [Las llamadas eran contundentes: «¡Si anunciáis más en *La Vanguardia* os arrepentiréis! Queremos preveniros: no anunciéis más en *La Vanguardia*»].

Unos dejaban de anunciarse por patriotismo y otros por miedo. Los papeles que circulaban decían: «Las empresas que han secundado la campaña de dignidad catalana tendrán su recompensa comercial.» Esto provocaba un cierto estímulo. Espar explica que, sin embargo, no todo el mundo llegaba a estas conclusiones. Dice, por ejemplo, que en Navidad vio que un amigo suyo, un empresario importante, había publicado en el periódico un anuncio de dos páginas. El amigo tenía sus razones: «*No veus que amb tot això del Galinsoga els anuncis surten gairebé de franc?*» [«No ves que con todo esto de Galinsoga los anuncios salen casi de balde?»]. Espar se indignó. Pero aprovechar la ocasión para anunciar más barato era otro de los efectos posibles.

Es verdad que el boicot de anuncios hacía daño a la empresa. El conde de Godó empezó a moverse, a ver qué influencias podía usar para que le quitaran de encima a Galinsoga. Actuó a través de Mariano Calviño, que tenía ascendente sobre Carrero Blanco. Y a través también del catedrático Ballbé, que era amigo de López Rodó. Cada viernes se esperaban las noticias del Consejo de Ministros, por si destituían o no a Galinsoga. Como no lo destituían, la campaña iba aumentando. Parte de la culpa se cargaba sobre la cuenta de Gual Villalbí, que era el ministro catalán en el gobierno. Gual decía que se trataba de «grupos o grupúsculos». Ciertamente lo eran. Pero el efecto también era cierto.

En el Consejo de Ministros del 6 de febrero se discutió la cuestión. Para el domingo siguiente, después del partido de fútbol, había anunciada una manifestación –o un concierto de claxons–. Parece que el capitán general llamó al gobernador civil para decirle que había que hacer algo. En el Consejo de Ministros todos eran partidarios de echar a Galinsoga, menos los militares de los tres ejércitos, y Rubio, que era el ministro de Educación y su amigo personal. Como era costumbre, discutieron mucho, mientras Franco los escuchaba. Hasta que Franco dijo: «No hace falta que sigan ustedes discutiendo: el señor Galinsoga ha presentado su dimisión.» Así terminó la cosa y fueron saliendo. Franco llamó entonces a Arias Salgado, que era el ministro de Información, y le dijo que le comunicara a Galinsoga que se había acabado. Y se cuenta que dijo: «Galinsoga, con su falta de tacto y su violencia, ha perdido la razón.» El director se desesperó. Pidió una audiencia y no se la concedieron. Esto sucedía el 6 de febrero de 1960.

La cuestión ahora era quién le ponía el cascabel al gato. Porque Godó tampoco se atrevía a decirle nada. En realidad, nadie le decía nada. Él pensaba que podía resistir, que tenía recursos, que Franco lo escucharía. Pero dos días después desaparecía de la cabecera el nombre del señor Galinsoga, que estaba escrito en letras muy grandes. Algunos dicen que Galinsoga, antes de la guerra, cuando hacía de cronista para *ABC*, era Luis Martínez Galinsoga. Después quizá le pareció que el efecto podía mejorarse y redujo el Martínez a una M. y amplió los apellidos con un «de». Así quedó Luis M. de Galinsoga. Pero al llegar a Barcelona, sólo era Luis de Galinsoga.

La noche que desapareció su nombre, Galinsoga echó una ojeada a la correspondiente prueba de imprenta y creyó observar una falta garrafal: su nombre no aparecía. Dijo: «¡Paren las máquinas!» Ésta es una circunstancia muy legendaria. Las máquinas paran raramente: sólo si el papel se rompe. «Parar máquinas» es el símbolo de que ha de hacerse un cambio muy importante en las páginas. Galinsoga dio la orden a Garrigó, el redactor-jefe. Garrigó no sabía qué hacer. Pidió a la telefonista que le pusiera con «don Carlos», con el conde de Godó. La telefonista le contestó que tenía órdenes de no pasar llamadas al exterior. Entonces Garrigó salió a la calle, entró en el bar Sol y llamó al propietario.

El propietario le dijo que no parasen las máquinas.

Sin duda aquello fue un contratiempo para Luis de Galinsoga. Lo comentó con el subdirector, Palacio Valdés: «Si las cosas siguen así, tendremos que irnos.» El otro le contestó: «Yo no me voy. Yo tengo un nieto catalán.» Se empezó a negociar la indemnización. Importante para la época: un millón de pesetas.

A pesar de todo seguía yendo a su despacho e intentaba actuar como director. Hasta que un día se encontró el despacho lleno de albañiles y de escaleras. Y es que le estaban tapiando la puerta. Dio la vuelta en redondo y no volvió más.

De aquel momento se escribió un romance gracioso. Se le atribuyó a Sagarra, a Pere Quart, a Ibáñez Escofet. Que no era de Ibáñez lo deduje un día en que se lo pregunté y me contestó que no se acordaba. Finalmente, Lluís Permanyer me aclaró que lo habían escrito Néstor Luján y Josep Maria Espinàs. El propio Néstor lo explica también en uno de sus libros memorialísticos. Espinàs le puso la música y lo estrenaron en casa del editor Vergés.

Un día se fue a la iglesia
a oír misa y a rezar.
Ya sube al púlpito el cura.
Comienza a predicar.
«¿Qué pasa?», don Luis dice,
«¡éste habla musulmán!
Éste no es cura ni es nada.
Es un perro catalán.»
Lleno de una santa ira
ya no lo puede aguantar.
Al oír *orate frates*
entiende *reseu germans*.
Ya entra en la sacristía.
Se dirige al sacristán
y le dice: «Si esto es misa,
es la misa de Companys.»

No le dan satisfacciones.
Suelta la palabra mierda
que en su boca siempre está.
Da una tarjeta y se va.
«Dijo mierda»,
le susurró el sacristán
al párroco Don Narciso.
Éste al obispo se va.
«¿Mierda?», pregunta Modrego.
«Mierda», asegura Jubany.
«Mierda», asevera Porcioles.
«Mierda», dice don Felipe
al capitán general.
«Mierda», vacila don Pablo.
«Mierda», dice Miró Sans.
«*Ha dit que érem una merda*»,
rió Julià de Capmany.
«Mierda», le dice Tarín
al abad de Montserrat.
Los rojos separatistas
escriben sin descansar,
diciendo que dijo mierda
Galinsoga al sacristán.
«Mierda», dice don Camilo,
que es ministro y general.
Al Pardo llega la mierda,
según la revista *Times*.
Ya se reúne el gobierno,
pues no es tiempo de pescar.
Ya les informa el ministro,
todos echan a temblar.

Que Galinsoga se vaya
es el grito general.
Galinsoga ya se ha ido.
No le han dicho ni *adéu siau*.
Aznar, que le sustituye,
ya se aprende el *Déu-vos-guard*.
Se suscribe a la Selecta
de Cruzet y de Borrás
y también la Bernat Metge,
que fundó Ramón Guardans.
Y aquí termina la historia
de un periodista sin par,
de un hombre que dijo mierda,
más le valiera callar.

Apostilla final: llegó Manuel Aznar, que ya había sido el primer director después de la guerra. Cuentan que le comentó a su amigo Josep Pla: «La venganza tiene más gusto que la butifarra.» Esto quiere decir que llegó en plan pacificador, como un hombre liberal. Tuvo una comida con la gente de *Destino*, en la que yo estuve. Sólo se hablaba de *El Sol*, el gran diario liberal del tiempo de la República que dirigiera dos veces. Parecía como si hubiera llegado el director de *El Sol*. Habló con la gente. A mí me hizo llamar. Yo no había trabajado nunca en *La Vanguardia* ni conocía a Galinsoga. Alguien le hablaría de mí. Él me dijo, y apunto la frase porque cada uno tiene su estilo: «He hablado aquí con las personas con que había que hablar y quiero que las cosas vayan como tienen que ir.»

No supe con qué personas había hablado y cómo debían ir las cosas. Mi caso lo explico con detalle en las memorias, en el capítulo que titulo, precisamente, «La temptació de Manuel Aznar». Realmente fue una tentación, de tipo económico. Él quería «una pluma fina» a las órdenes del director. Él era mayor y quería escribir un par de libros. Hablamos. Me dijo: «Si quiere ver a De Gaulle, yo le arreglo la entrevista.» Me dijo: «Si quiere ver al Generalísimo, yo le preparo la audiencia.» Pensar que podía salir fotografiado en *La Vanguardia*, dándole la mano a Franco, me ponía a temblar. A él le parecía importante. Me dijo que qué quería cobrar y que él ya se encargaría de sacarle más dinero al conde. Yo no quería quedar mal con él. Y le contesté que no era el tipo de persona que buscaba. Le expliqué que yo no era un viajero, que la gente me conocía por la revista *El Ciervo* y que si vieran según qué... Me dijo: «Creo que le he comprendido. Aunque no todo el mundo le habría comprendido.» Y no lo vi más.

La verdad es que Aznar reformó el diario. Estuvo tres años. Pero durante mucho tiempo el diario fue el que él había hecho. Lo interesante es que acabó haciéndole un gran favor a Godó, porque el diario se rehizo, adquirió más calidad y la gente siguió comprándolo. En realidad, del caso Galinsoga todo el mundo salió ganando. Salió ganando el grupo de Pujol. Ya he dicho antes que el propio Pujol reconoce que con el caso Galinsoga explota su vocación política. Por otro lado, el catalanismo posibilista, representado por el alcalde Porcioles, también ganó. Franco vino a Barcelona, para darle solemnidad a la aprobación de la compilación del Derecho de Cataluña, que fue un asunto muy importante en el que trabajaron las primeras autoridades en Derecho Civil catalán, los notarios Faus, Figa, el propio Porcioles... Se aprobó la Carta Municipal, el retorno del castillo de Montjuïc a la ciudad... Y ganó *La Vanguardia*, por supuesto, que se quitó de encima a Galinsoga. Luego, los directores ya estuvieron más ambientados. Después de Aznar vino Echarri, que fue un buen director y supo crear un buen ambiente. Cuando murió Echarri le sucedió el primer director nombrado por la propia empresa, Horacio Sáenz Guerrero.

A mí me gusta buscar finales un poco felices. Y querría pensar que también para el propio Galinsoga –que vivió aún ocho años más y los vivió en Barcelona, donde continuó como delegado en la Zona Franca–, querría pensar, digo, que su derrota política y personal tuvo aspectos positivos. Un compañero, César Mora, que en aquella época ya estaba allí, me explicó que Galinsoga a él nunca le dirigía la palabra. Y que un día, cuando salía del periódico acompañado por Luis Ezcurra, el coche del director se les paró al lado. Ezcurra estaba bien visto por Galinsoga.

–Luisico, ¿quiere que le lleve en coche?

–No, don Luis, que ya me lleva Mora.

–¿Qué coche tiene ése...?

«Ése» estaba delante y tenía un seiscientos. Sin embargo, poco después de que sucedieran todos los episodios que hemos contado, ese mismo Mora, camino del diario, vio el coche de Galinsoga parado de-

lante de una farmacia. Galinsoga también lo vio a él. Salió del coche y le dijo:
—Hombre, Mora, ¿cómo va la vida?
Explicándomelo, Mora comentó que la desgracia humaniza. Si éste hubiera sido el final del propio Galinsoga no estaría del todo mal.

(14 de noviembre de 1996)

Ramón Serrano (Barcelona, 1933)

La primera noche que bajé al Jamboree

El Jamboree, un sótano de la Plaza Real, empezó como un bar de putitas y marines. En los años cincuenta. Imperceptiblemente acabó convertido en la mejor cava de jazz que haya tenido nunca Barcelona. Ramón Serrano bajó una noche.

Ramón Serrano es un escritor muy vinculado a la ciudad de Barcelona, y en muchos sentidos. En su primera novela, El secreto de Saladeures, *la ciudad juega un papel determinante. Y en la ciudad, un sótano: el del Jamboree.*

Buenas tardes:

Las historias que les voy a contar ocurrieron durante los primeros veinticinco años de mi vida. Sus elementos no son discursivos, ni de lógica, ni de artificio: son imágenes. Imágenes en el recuerdo que como flashes permanecen colgadas de las perchas que forman el armario de mi subconsciente vital. Dice Sartre en *La imaginación*: «La imagen es un cierto tipo de conciencia, la imagen es un acto no una cosa. La imagen es conciencia de algo.» Hoy les vengo a mostrar un retrato, o mejor, una serie de instantáneas de una lejana conciencia, no por lejana, menos abrumadora.

Recuerdo los negros tiempos de aquella primera noche en que bajé al Jamboree. Me había yo asomado a cien ventanas, en busca del aire aquel, tan necesario como la poesía. Poesía, aire que exigimos trece veces por minuto, decía el poeta. Cien ventanas que abrir de par en par con los puños crispados por la rabia, pero repletos de proyectos y de ilusiones. Les voy a citar algunos de aquellos ventanales que nos aportaron otros aires, otras voces, otros ámbitos. Aquella noche de finales de la década de los cincuenta, había comenzado en realidad veinte años antes. Fue así, o algo así:

Poco después de apagarse la luz, vi moverse las sombras que el resplandor de una vela reflejaba. El aire de la estancia de pronto se hizo más denso, repleto de sinuosidades y arrugamientos. Se cerraron los postigos de las ventanas y se apagaron los pitidos de las sirenas. Tras un silencio impenetrable, roto por algunos pasos presurosos que se oían en la calle, el gran estallido. Unos cientos de decibelios me enseñaron, es mi primer recuerdo, la cara oscura de la existencia. El miedo del niño se hizo patente en la conciencia. Después, tras unos gritos de los míos, la conciencia desapareció. La bomba del *Canarias*, un obús, me aclararían años más tarde, cayó a escasos cien metros de la casa de mis padres. Recuerdo historias que contaban. Cómo habían sido cegadas las entradas de los refugios por una bomba caída del cielo, por uno de esos caramelos que nos echaba la aviación de Franco y de Hitler. Recuerdo también historias de que a fulanito, a zutanito, lo han paseado, era quinto columnista. Recuerdo los cristales de las ventanas del balcón de mi casa cruzados por tiras de papel engomado. Un caballo reventado en el cruce de una calle de Gracia. El junker derribado y expuesto en Els jardinets del paseo de Gràcia, dentro de cuya carcasa jugábamos a la guerra unos cuantos niños cuyos padres jugaban de verdad a lo mismo, quizás no demasiado lejos de allí.

Todo eso nos ocurrió a muchos niños de entonces. A uno y a otro lado del río. Aquí sólo vengo a mencionarlo porque conviene que no se olvide, que no se olvide el miedo que sentimos, el miedo que sentí el primer día que fui al colegio en octubre de 1940, cuando por la calle Verntallat, camino de los Hermanos de la calle de San Salvador, crucé ante el agujero enorme del obús del *Canarias,* el agujero negro de mi primera conciencia en esta vida, no muy lejos del antiguo colegio que los Hermanos tenían antes, en donde mi padre había estudiado, en la calle de l'Església, incendiado por los mismos con los que él luchó, los mismos con los que huyó al exilio francés, y los mismos con los que conviviría en un campo de concentración de Málaga, a su regreso. Pero mayor miedo sentí frente al hermano director cuando nos saludó diciéndonos algo así: «Vuestro antiguo colegio fue asaltado, y la capilla incendiada por las hordas rojas, las fuerzas del mal y del averno. Muchos hermanos fueron encarcelados, otros torturados hasta la muerte, los demás tuvimos que permanecer escondidos. Ahora estamos ante una nueva era y vosotros sois inocentes y felices testigos de ella. Los sin Dios han huido y recibirán el justo castigo. La patria, gracias a Francisco Franco y a su ejército leal, ha sido liberada. En nombre de los hermanos presentes os doy la bienvenida.»

Entretanto yo recordaba el agujero del *Canarias* a escasos cien metros de mi casa y la imagen del padre vencido y desnudo sentado sobre la mesa de la cocina, mientras era despiojado por mi madre y por mi abuela, antes de tomar el camino de la frontera.

Hay vacíos, grandes vacíos en mi memoria de aquel tiempo. Entre cola y cola para el racionamiento de pan hay juegos de indios y soldaditos de plomo, cromos de colores, viejas alpargatas por donde asomaban los dedos gordos de mis pies y el recuerdo de la envidia. Envidia, sí, que sentía del hijo de unos amigos de mi madre, que en su dormitorio me mostraba los movimientos continuos de su mecano. Cruzaba por entre las colas de Auxilio Social, cooperativa de ex presos y ex perseguidos, y mis ojos se iban hacia la ausencia de piernas, brazos y manos de los hombres. Mis primas Montserrat y Núria, que me habían criado tras la huida de la Barcelona de los bombardeos, crecían bailando el tiro-liro-liro o cantaban el «yo te daré, te daré niña hermosa...» hasta que Bonet de San Pedro grabó para gramófono el «Rascayú» y nos llegara de Venezuela el «Se va el caimán», como símbolo popular de alguien que tenía que marcharse.

En ese ambiente de gasógeno, salvoconductos, estraperlo, Lilian de Celis y Celia Gámez, las folklóricas, a mi buen entender, aportaron cierto toque de dignidad musical, dentro de lo que cabe. Manolo Caracol, Imperio Argentina, Juanita Reina, Miguel Molina o doña Concha Piquer, amén de Angelillo, que por haberse confesado republicano tuvo que partir a las Américas dos veces y allí murió, supieron mantenerse al margen de declaraciones oportunistas y gestos a la concurrencia oficial, en la periferia de las rutas imperiales trazadas por un régimen que había empobrecido la vida cultural de la década de los cuarenta y gran parte de los cincuenta.

Porque había tanta escasez cultural en el país –miles de intelectuales y profesores universitarios se vieron obligados a exiliarse antes del día de la victoria–, tuvimos que recurrir a los charros mexicanos y a otras hierbas de raíz hispana.

En octubre de 1946, tras las ejecuciones de los criminales de guerra nazi en Nüremberg, Trygve Lie, secretario general de las Naciones Unidas, declaró ante los representantes del mundo en la Asamblea General: «Es una desgracia que se prolongue el control de España por los fascistas, a pesar de la derrota de Alemania y Japón. Mientras dure el régimen de Franco, está claro que será una fuente constante de desconfianza y desacuerdo entre los fundadores de estas Naciones Unidas.» Franco respondió diciendo al pueblo español que éramos víctimas de una doble conspiración masónica y comunista, muy a pesar de que en marzo de aquel mismo año don Juan de Borbón cambió de bando, descalificando a los que hasta entonces habían sido los suyos en su manifiesto de Lausanne dictado desde «esta atalaya centroeuropea donde la voluntad de Dios me ha situado».

El poder totalitario de Franco, conquistado por las armas y el apoyo de la derecha más recalcitrante del país, se mantenía sólido gracias a un ejército de vencedores y a otros dos pilares del sempiterno trípode del poder en España, la Iglesia católica y la derecha aristocrático-burguesa. Don Juan venía a deshacer, en parte al menos, ese trípode al manifestar: «Sólo la monarquía tradicional puede ser instrumento de paz y concordia para reconciliar a todos los españoles.» E hizo alusión al triunfo aliado en Europa. El giro del pretendiente, escribían Daniel Sueiro y Bernardo Díaz-Nosty en *La historia del franquismo*, se había consumado con todas sus consecuencias, en abierta oposición a Franco. Todo eso lo explica muy bien Rafael Borrás en su libro *El Rey de los rojos*.

Y qué tendrá que ver todo esto con el jazz, se preguntarán. Bien, hasta ahora tenemos en esta historia personal, una de tantas, dos elementos, el miedo infantil y la pobreza del entorno, del mundo adolescente de quien les habla. De continuo, buscábamos faros con los que orientar el rumbo, palabras con las que entendernos, y en tales menesteres, en alguna ocasión, caímos en desmesuras y equívocos. Viví un tiempo de búsqueda indiscriminada de interlocutores, iba a bailar al frontón Colón, a la cooperativa de Tejedores a Mano, a la de la Leltad, todas ellas en Gracia, a La Gavina Azul, en Sants, al Club Ariel de ping-pong... Hasta que me tropecé con las tertulias de la época, a comienzos de los cincuenta. Aprendí entonces que existía toda una tradición tertuliana cuyas raíces venían del pasado siglo y se materializaban en el recuerdo de cierta bohemia barcelonesa en Els Quatre Gats. Me lo contó Opisso en la terraza del Círculo de Bellas Artes en la Plaza de Cataluña. Tertulias de artistas y escritores, de oradores y también de agitadores. Recordaré, aquí, algunas por las que pasé, rozándolas o integrándome en ellas. La del Turia: con Carlos Rojas, Castillo Navarro, Carlos Muñoz; la del café La Luna: de ambiente teatral, con Sebastián Gasch, Lita Claver, Alady, Luis Marsillach, Carmen De Lirio; la del Kansas: con Fernando Angulo, Pepe Socoró, Alfonso del Valle, Antonio Chic; la del Café Vienés, donde Rafael Borrás celebraba los primeros consejos de redacción de la revista *La Jirafa*, y la del Baviera-Moka tanto monta...: con Miguel Oca, Luis Pessa, Alberto Zercovich, Javier Tomeo, Antonio Beneyto. Nos apiñábamos para defendernos de la pobreza del ambiente. El tiempo parecía detenido.

Junto a las tertulias bohemias de aquellos años llegaron toneladas de libros procedentes de Buenos Aires, México y otras capitales latinoamericanas. Buena parte de ellos, editados, traducidos, promocionados por los propios exiliados españoles. Eran los llamados libros prohibidos, a los que la censura franquista no tenía prácticamente acceso, o no quería tenerlo. Se vendían en algunas de las grandes librerías, como en la Catalonia, entonces Casa del Libro, en la Francesa, en la Bosch, en Ancora y Delfín, en el bar Cristal-City. En todas ellas había una trastienda, una *cuina* o un *rebost,* donde se podían adquirir, a precios asequibles, *Contrapunto*, de Huxley, *Doktor Faustus*, de Mann, *Los alimentos terrestres*, de Gide, *La náusea*, de Sartre, *El extranjero*, de Camus, etc. Además de magníficas colecciones teatrales como la de Losada,

con autores como Michel de Geldherode, William Inge o Bertolt Brecht.
  Estoy enumerando algunas ventanas. Por ahí lográbamos respirar. Seguramente porque asistíamos o colaborábamos en el proceso de disolución de las formas oficiales. Porque nos enfrentábamos a la dialéctica irracional de los vencedores que ignoraban o querían ignorar que los vencidos dejan un día de serlo, como siempre la historia ha demostrado. Otra ventana, para respirar en especial por las noches, era la radio. Las emisoras extranjeras, concretamente las de onda corta, no ya Radio España Independiente, no, que ésa era otra historia, sino las emisoras de las fuerzas de ocupación americanas en Europa, Frankfurt, Colonia, Radio París, la BBC de Londres, emisiones para España o sencillamente retransmisiones de discos de jazz o jam-sessions y canciones de países desconocidos entonces para mí. Pues el dial de mi aparato receptor era todo un batiburrillo de ciudades extranjeras que me fascinaban y alentaban mis ansias de viajar. La radio extranjera, en aquel tiempo, fue oxígeno puro para muchos. Emisiones ajenas a la ordinariez, adocenamiento y represión que caracterizaban a las de aquí. No en balde la juventud del país comenzaba ya a moverse, incluso estudiantes que en el SEU –el sindicato oficial de estudiantes– patrocinaban rebeldías que el régimen no podía tolerar. A mediados de los cincuenta, tras el caldo de cultivo propiciado por las revistas seuistas como *Alcalá*, *Ahora* o *Estilo*, se convocó, apadrinado por Dionisio Ridruejo, el primer Congreso de Escritores Jóvenes con los ava-

les de Laín Entralgo, Antonio Tovar y otros, y la participación de nombres que hoy suenan en diferentes sintonías como Javier Pradera, Ramón Tamames, Fernando Sánchez Dragó, Enrique Múgica Herzog, Gabriel Elorriaga o Javier Muguerza. La muerte de Ortega y Gasset, dicen Sueiro y Díaz-Nosty, despertó opiniones latentes entre los estudiantes. A finales del 55 se prohibió el Congreso de Escritores Jóvenes, y en el 56 se lanzó la idea de un Primer Congreso Nacional de Estudiantes. Casi con los mismos nombres: Tamames, Múgica, Pradera, más otro que alentaba el congreso desde el mundo obrero, Federico Sánchez. El ministro aperturista Ruiz-Jiménez lo apoyaría, pero a la primera reunión preparatoria la policía rodearía el local y disolvería la reunión. La ciudad universitaria de Madrid comenzó a bullir, y al descontento vinieron algunos amordazamientos significativos. Estudiantes progresistas o simplemente liberales y elementos del SEU más integrista, junto a algunas centurias de la guardia de Franco, se enzarzaron en un simulacro de juego entre vencidos y vencedores que desembocaría en huelgas, manifestaciones, peleas, represiones y detenciones hasta acabar con un falangista muerto en la calle Alberto Aguilera. Matías Montero, otro estudiante, moría víctima de disparos nunca aclarados. Esto dio lugar a una caza de brujas por parte de la policía, de tal manera que los inmovilistas del partido único se atrevieron a anunciar públicamente una noche de los cuchillos largos, a la que el general Muñoz Grandes se enfrentó para evitar una locura sangrienta.

En ese ambiente de represión y pavor, con la cultura amordazada, con profesores y estudiantes progresistas silenciados o detenidos, con los antecedentes catalanes de la huelga de tranvías del 1 de marzo del 51, a la que siguió una huelga general el 12 de marzo, secundada por otras en el País Vasco, Valencia, Madrid y Asturias, el aire por las Ramblas barcelonesas estaba enrarecido. Me autocitaré con unos versos que he escrito sobre aquellos acontecimientos:

> Una tarde, a eso de la hora de la siesta,
> echado yo en el camino de la ronda,
> vino España de cháchara conmigo.
> De nuevo dieron las cinco de la tarde
> y por los aires volaron
> tranvías y adoquines, caballos, grises,
> sotas y sirenas, yugos y espadañas y badajos
> frenos, coacciones y calumnias, y oprobios,
> y fetiches del poder, y espantapájaros.
> Una tarde, a eso de la hora de la siesta,
> caía defenestrado por el odio y la ceguera
> un muchacho que España lloraría.

Por otro lado, todo ese ambiente de agitación aconsejaba al régimen aperturas, más obligado por el ingreso de España en la ONU y la firma de los acuerdos España-USA que por la presión interior. Durante algún tiempo, los medios oficiales y la prensa atada a las consignas se dedicaron a elogiar el progreso de los Estados Unidos y las ventajas de ser ciudadano en una sociedad democrática como la norteamericana. El cine hizo el resto.

Esta ligera apertura propició que algunos de los ambientes artísticos de vanguardia, que discretamente sobresalían entre el agobio de la atmósfera adocenada, apareciesen con mayor coraje a la luz pública, como el grupo Dau al Set, o Juventudes Musicales, o también fenómenos emblemáticos como el teatro de Alfonso Sastre, el Premio Nadal para *El Jarama* de Sánchez-Ferlosio, el grupo madrileño El Paso, el nuevo cine nacional, estilo *Calle Mayor*, la película de Bardem. Así, proliferaron nuevos círculos de artistas, revistas literarias, gentes de teatro y nuevas músicas y canciones llegadas de fuera. Por aquellos tiempos, Rafael Borrás, un servidor de ustedes y muchos otros, algunos aquí presentes, solíamos tomar pastís en el bar Pastís, a la sombra protectora de la Piaf, Charles Trenet, Yves Montand o Anne Cordy.

Permítanme que dé una salto en el tiempo. Mi padre me había contado que en 1935 se dio un concierto de jazz en el cine Coliseum, donde tocó el saxo un músico negro muy famoso llamado Benny Carter. Eso fue un 29 de enero, aunque mi padre se equivocó en un año, pues el Tercer Festival del Hot Club de Barcelona tuvo lugar en el Palau de la Música Catalana el 29 y el 31 de enero de 1936. Barcelona había adquirido una gran tradición de jazz tanto en músicos locales como en audiciones de discos. La célebre gramola del bar Edén en el carrer Nou de la Rambla, o también los conciertos en directo de Sam Wooding en el Casino de San Sebastián en la Barceloneta, a la salida de los teatros, en 1929. No voy a entretenerles en la historia del jazz en la Barcelona de los treinta porque Alfredo Papo en su documentado y estupendo libro *El Jazz a Catalunya*, de Edicions 62, ha dejado muy claro este asunto. «Incluso durante la Guerra Civil», escribe Papo, «por la gramola del Edén o por la del Alaska desfilaron discos de Fats Waller, Louis Armstrong, Duke Ellington, Coleman Hawkins, Fletcher Henderson, los Mills Brothers o los Chicagoans.»

El Hot Club de Barcelona nació en mayo de 1935 promovido por Pere Casadevall y pronto adquirió renombre por sus conciertos, festivales y audiciones comentadas. Clausurado durante la Guerra Civil por difundir una música de tipo capitalista, según los milicianos que cerraron el local, no renacería hasta 1940. En nuestras tierras, el jazz había sido muy importante. Pero eso yo, en 1949, lo ignoraba. Un socio del club Ariel de la calle Gran de Gràcia, Felipe García Solà, presidente del nuevo Hot Club de posguerra, me llevó al local de la calle Valencia esquina Casanova, y me convertí, con dieciséis años, en el habitual más joven del Hot Club de la Barcelona de entonces. Todo lo que sé de jazz lo aprendí allí, en la calle Valencia y en el pasaje Permanyer, el nuevo local inaugurado en abril de 1950. Una torre en la que se escuchaban discos, se daban conferencias y en ocasiones sonaba música en directo. El Cuarteto dio allí sus primeros pasos y es donde, como el ya citado Felipe García Solà, Raimon Tort Matarrodona, los guitarristas Jorge Pérez y Manuel Bolau, y el propio Papo, me fueron enseñando, sin ellos saberlo, quizás, a percibir, a sentir, a comprender, a conocer lo que es el jazz y sus diferentes estilos y evolución.

Por aquellos tiempos, el Hot Club mantenía unas excelentes relaciones con grupos artísticos de vanguardia, y en nuestro club se celebraron salones de pintura de artistas de Dau al Set, como Joan Ponç, Tharrats, Tàpies i Cuixart, colaboraciones con Guinovart, etc. Las relaciones con otros clubs, como el mencionado Ariel o el Club 49, las colaboraciones con bares, tiendas comerciales, e incluso con el colegio mayor San Jorge del SEU, en donde recuerdo una magistral conferencia de Papo sobre Coleman Hawkins y Lester Young, propiciaron una rápida difusión de las actividades del Hot Club de Barcelona. Resultaría gratuito repetir aquí lo que todos ustedes pueden hallar, y se lo recomiendo una vez más, si no lo han leído, en el citado libro de Papo.

No quiero dejar este pasaje sin hacer una especial mención a los cafés-concierto del Rigat, a las míticas sesiones del Oasis, en la calle Canuda, con Don Byas –que fue el primer músico al que di la mano– y El Lirio Campestre, uno de tantos grupos catalanes de jazz, a conciertos en lugares tan dispares como la Boîte Saratoga, la Casa del Médico, el Aula Magna de la universidad, o en cines como el Astoria y el Windsor. Las *jam-sessions* se pusieron de moda y eran punto de encuentro y de deleite de los fans de la época. No asistí a todos los conciertos de pago, pues en el 51 tenía dieciocho años y no me era posible pagarme esos lujos. Pero sí quiero hacer constar que algunos, soberbios conciertos, me quedarían grabados para siempre en la memoria. Como el del gran pianista Willy The Lion Smith en la Casa del Médico, el 7 de febrero del 50, el de Mezz Mezzrow, con Lee Collins, Guy Laffitte y otros en la misma casa, en diciembre del 51. El de Bill Coleman en el Astoria, en noviembre del 52. Pero el no va más sería el de febrero del 53, en el Windsor, con Dizzy Gillespie, y también el de Lionel Hampton en 1954, además de un largo etcétera en el 56 y 57 con Count Bassie, Quincy Jones, Louis Armstrong, éste en el 55, sin olvidar a Sister Rosseta Tharpe en el Colegio de Abogados.

La actividad jazzística seguiría creciendo durante la década de los sesenta. Todos habrán oído hablar del famoso concierto de Duke Ellington con la cantante sueca Alice Babs, en Santa María del Mar, a comienzos de la década de los setenta. Habían llegado ya los Festivales Internacionales de jazz de Barcelona, propiciados, auspiciados, por el empresario Juan Roselló, el del Jamboree. Hemos recorrido un largo camino. Un camino sólo posible por el entusiasmo jazzístico de la Barcelona de preguerra, por la reorganización del Hot Club de Barcelona, por el entusiasmo de tantos pequeños grupos de músicos locales, desde ese catalán universal llamado Tete Montoliu a un ejército de pianistas, guitarristas, músicos de viento y secciones de ritmo.

Para mí, que desde muy joven fui aficionado a la letra impresa, tiene especial importancia la existencia de la revista *Ritmo y Melodía*, que editaba una casa musical del mismo nombre, propiedad de Sánchez Ortega. *Ritmo y Melodía* igual hablaba de Stravinski, de la óperas de Viena, de Edith Piaf, de ballet, de Lorenzo González o de jazz. El responsable de este apartado que con los números fue adquiriendo carta de categoría era Antonio Tendes, y allí aprendí el nombre de los grandes que luego buscaba afanosamente en las discotecas de los fans y socios del Hot Club. Allí leía noticias sobre conciertos en Nueva York o en París. Quién era Charlie Christian o la aparición de las memorias de Eddie Condon, por poner unos ejemplos. Fue entonces cuando sucedió algo que me llevó a participar en la polémica surgida aquellos años. Alfredo Papo encabezaba, y encabeza, ahora con mayor moderación, el sector tradicionalista, los sectores del blues, del New Orleans, la música de Dixieland. La polémica con los progresistas del Big Band se reflejó, en especial, en las páginas de *Ritmo y Melodía*. No obstante, entre ambos grupos existía un terreno común, el terreno de los grandes. Todos aceptaban las Big Bands, las grandes cantantes del jazz Bessie Smith, Sarah Vaughan, Ella Fitzgerald, Billie Hollyday, Dinah Washington y otras menos conocidas como la estupenda Juanita Hall. Y aceptaban también a los grandes del bop como Charlie Parker, Dizzy Gillespie, Miles Davis, Al Haig, Howard McGhee, Thelonius Monk o ciertas etapas del Modern Jazz Quartet, por citar a algunos. Por mi talante progresista y fascinado por la vanguardia, ya era un fan de Tàpies en su etapa más surrealista, y un admirador también de Juan Eduardo Cirlot. Me alineé en la lista de los boperos, como se nos llamaba con cierto retintín. Pero esa participación me fue saludable, como suelen serlo todas cuando la polémica es sana e inteligente. Un titular de un artículo en *Ritmo y Melodía* rezaba «*To be or not to bop*». Es el momento de citar tres amigos músicos de aquellos años. Uno, ya desaparecido, el pianista y arquitecto Josep Maria Camps; el guitarrista Jorge Pérez, hoy ya retirado, y el bajista Antonio Vidal, del que nada sé. El muchacho que yo era aprendió de ellos tanto o más que de los libros, de las conferencias y de los conciertos.

¿Y el Jamboree? No se apuren, ya ha llegado el momento del Jamboree. Pero antes quisiera autocitarme de nuevo para describir con mis propias palabras, las de mi novela *El secreto de Saladeures*, el ambiente de entonces: «La luna de papel asoma súbitamente por el ventanal, y en él distingo gentes paseando por las Ramblas. Unos, charlando animadamente arriba y abajo, otros caminan presurosos, y otros más con el aire de no ir a parte alguna ni de hacer o tener pendiente absolutamente nada. Casi todo el personal va con corbata y esmerado corte de pelo. En todo el ambiente y a pesar de la bohemia que se presiente, acogen los callejones de ambos lados algunas gentes variopintas, algunos borrachos desaliñados, alguna muchachita burguesa en busca de aventuras. Hay como una enorme sensación de orden sólo quebrada por algún que otro trompa solitario que habla y grita a la multitud anónima, sin dirigirse específicamente a nadie.» Y sigue unas líneas más adelante: «Suelo recorrer las Ramblas arriba y abajo y viceversa, para hacerme cargo del estado de la cuestión. Es decir, para tomarle el pulso al paseo y ver quién anda como yo, deambulando. Echar un vistazo rápido para tomar nota de quién está en el Moka, quién en el Baviera, quién en el Nuria, en el Café de la Ópera o en los Cabales. Pero ese día no. Ese día apenas salgo del metro por Canaletas y emprendo el paso decidido, sin correr, Ramblas abajo. Voy a mi tertulia de los jueves en La Pérgola, donde me esperan Seymour, Kiss y Saul Byman, los tres americanos que conocí en el Jamboree gracias a Nat King Cole.» Fin de la cita: Nat nunca estuvo en el Jamboree, pero en aquel tiempo solían poner el «It's only paper moon» acompañando a Nat la trompeta de Harry Edison y la guitarra de John Collins.

No recuerdo muy bien, ni he podido saberlo, la fecha exacta en que un sótano de la Plaza Real, convertido en un bar de putitas de falda acampanada y marines de la VI Flota americana, se convirtió en el Jazz-Cava, después de algunos años de haberse llamado Brindis. Yo diría que fue durante el verano de 1958. ¿Por qué se convirtió el Brindis en una cava de jazz? Los marines querían beber y bailar con las putas, ávidos de alcohol y sexo, y no siempre los discos del Brindis eran los adecuados, ni su audición la mejor. De los barcos de la VI Flota comenzaron a llegar al Brindis pequeños grupos y orquestinas de marines aficionados, o incluso algún músico profesional y, claro está, los marines de aquella época tocaban jazz. Así comenzó, de una forma ambigua y escalonada.

Pronto, por una ciudad ávida de jazz se esparciría el rumor de que en la Plaza Real había jazz en directo a cambio de pagar una cerveza o una ginebra con hielo. Así fue como Roselló, Juan Roselló, rebautizó su local con el nombre de Jazz-Cava al tiempo que unos músicos americanos, los famosos hermanos Hand, acompañados de la negra Gloria Stewart, arribaban a Barcelona procedentes de la Alemania ocupada.

La primera noche que yo bajé al Jamboree, una noche de 1958, el local todavía no se llamaba así, pero había jazz, además de putas, marines borrachos y unos cuantos aficionados con trinchera, camisa blanca y corbata. La primera noche que bajé al Jamboree, yo entonces lo ignoraba, cometí una vez más un acto de rebeldía, una desobediencia civil, frente a las buenas maneras y frente a las normas de aquella sociedad encorsetada. Tocaba un conjunto de marines, con bastante dignidad, y pude escucharles sin consumir, agazapado en un rincón del local. Poco después conocí a los Jazz Brothers con la negra Stewart y me hice amigo del más chorizo de los Hand, el contrabajo Jack. Un par de años más tarde Jack fue uno de los acusados y condenados en el famoso crimen de la calle Aragón, en noviembre del 62. Jack Hand, además de tocar el contrabajo en varios clubs y bares –entre ellos, uno de la calle Parlament, que tenía el torero Chamaco–, vendía discos extranjeros de contrabando, tabaco americano, droga, presentaba amiguitas a los buenos paganos y otros menesteres de aspirante a capo. A menudo me he preguntado cómo logré salir indemne, a lo sumo con algún manchón lavable, de aquellos ambientes. Supongo que la fe en mí mismo y un insaciable afán de aprender y vivir me preservaron. Porque, señores, cuando lo del crimen de la calle Aragón, yo estaba metido en aquel ambiente. Yo estuve en las tertulias que se organizaron hablando del asunto en las mesas del Blue Note o en las terrazas de la Plaza Real, hablando con los compañeros de Jack y de Pilar Alfaro, cerebro del robo que degeneró en homicidio, y estuve, repito, como acto de rebeldía ante lo que ya entonces comenzaba a llamarse el *establishment*, el establecimiento como me gustaba decir. Gloria Stewart era una negra joven, bien parecida, casada con un americano detenido en Alemania por tráfico de drogas. A mí me gustaba cuando cantaba al estilo de la Vaughan, salvando las diferencias, claro. Se ha hablado de si los Hand, contrabajo, trombón zy trompeta, y la cantante Stewart eran mejores o peores. Mejores o peores que quién. El pianista Pere Ferrer y el batería Chips Collins podrían hablar de este tema con mejor causa que un servidor. Pero como solía decir entonces mi amigo Santiago Cuervo, esos bueyes tenemos y con ellos hemos de arar.

 El crimen de la calle Aragón llenó las páginas de los diarios de aquellos tiempos cuando se cometió el asalto, en noviembre del 62, y cuando la celebración del juicio, en febrero del 64. El industrial señor Rovirosa fue asaltado en su almacén de lámparas, sito en la calle 136 de la calle Aragón, para ser robado un sábado por la tarde. Al resistirse a abrir la caja de caudales, James B. Wagner, el autor material, le golpeó con una maza hasta la muerte. Todos los participantes acusados de robo con homicidio, bien por autoría directa, bien por inducción indirecta o por complicidad, fueron condenados a penas que oscilaron entre los seis y los veintidós años de reclusión, si bien la petición fiscal había solicitado cuatro penas de muerte. Gloria Stewart, en un primer momento detenida, salió en libertad a los tres días y fue puesta de patitas al otro lado de la frontera. Jack Hand fue condenado a veintitantos años. En su calificación, el fiscal aludió al Jamboree insistiendo en el clima licencioso en el que se movían los supuestos autores del crimen. Y en *La Vanguardia* el cronista de sucesos de la época, Joaquín Hospital Rodés, escribe refiriéndose a los cargos del fiscal: «Relata dos amancebamientos, que uno de los procesados era desertor del ejército americano, que otro dirigía un grupo de extranjeros corrompidos, y que una de las procesadas era una burguesita barcelonesa que vestía atuendos existencialistas propios de otras latitudes.»

Pero al margen del lenguaje mojigato y gazmoño de la época, seguramente fue cierta la vocación de mafiosos de los condenados, vocación que nada tenía en común con el ambiente del Jazz-Cava. Unos años antes del crimen, el Jamboree o Jazz-Cava a secas iba a ser pronto un local por donde pasarían músicos de talla internacional para un público en *petit comité*. Y eso sería posible gracias a unos amigos que, enfrente, en los sótanos del restaurante Tobogán, habían instalado una cava de jazz para las actividades de su club, el Jubilee Jazz Club, fundado en el colegio mayor Monterols, en noviembre de 1957, por Javier Coma, Enrique Vázquez, Guillermo Luis Díaz-Plaja, José Luis Guarner y otros. A partir de 1958, el Jubilee Jazz Club, de la mano de Coma y Vázquez, comienza una cascada de actividades, conferencias, audiciones, *jam-sessions*, un premio de discos, etc. E incluso en diciembre del 59 presentó un cuarteto con el nombre de Jubilee Jazz Group con Tete Montoliu, Álvaro Vicenzio, Antonio Vidal y Rafael Vardura, que actuaron en el teatro Candilejas. El Jubilee tenía sus fans en facultades universitarias, en algunos bares y en el Instituto de Estudios Norteamericanos, donde se había instalado en marzo de 1958. Entre los nuevos miembros quiero destacar al polifacético Joan de Sagarra, cuyo entusiasmo juvenil marcaría las actividades del Jubilee, logrando, por ejemplo, dar tres ciclos de conferencias: jazz, canción francesa y sociedad, cultura y automoción, en un Ateneo barcelonés conservador y proclive al régimen gracias a la presencia del falangista Luys de Santa Marina. En las conferencias sobre jazz de noviembre del 59, los hermanos Hand tocaron en el salón de actos del Ateneo.

Cuando en enero de 1960 Juan Roselló cruzó la Plaza Real y bajó al sótano del Tobogán a ver a Coma, Vázquez y Sagarra les propuso que el Jubilee se pasara a la acera de enfrente, y propuso, en consecuencia, que la jazz-cava llevara el nombre de Jubilee. Coma se negó, por la fama de borrachería que tenía la cava, y le sugirió al empresario otro nombre similar, el de Jamboree, que en inglés quiere decir juerga o jarana. Así pues, el Jamboree Jazz Cava quedaba bautizado con ese nombre en enero de 1960. No hubo inauguración oficial. Nadie se dio apenas cuenta del cambio. Cuando Bill Coleman, Chet Baker, Kenny Drew, Stephan Grappelli, Lucky Thomson, Memphis Slim, Guy Laffitte, Chuck Israel y un largo etcétera fueron pasando por el Jamboree, la gente dio por sentado que siempre se había llamado así.

Un testigo de aquellos tiempos, el maître Angelo, nos podría confirmar que así fue. Como si el Jamboree siempre hubiese existido, como si fuera ya natural que en aquella cueva maloliente y húmeda, en donde los marinos borrachos y las putas de falda acampanada cada vez bajaban menos o ya no bajaban, se tocara para muy pocos el mejor jazz de Barcelona. Allí conocí o frecuenté a gente de la cultura que luego han sido buenos amigos a lo largo de mi vida. Alberto Puig Palau, Román Gubern, José María Nunes, Jorge Herralde, Jacinto Esteva, los hermanos Camino, Paco y Jaime, Rovira Veleta, Pedro Nubiola, Joaquín Jordà, y un largo etcétera difícil de precisar. El día que Salvador Clotas salió de la cárcel de Lleida y llegó a Barcelona, me contaba el «Chino» Clotas hace unos días, se fueron al cine y luego bajaron al Jamboree, en donde actuaba aquella noche el inolvidable Chet Baker.

El antiguo Jamboree cerró en 1967. Un artículo de prensa que me proporcionó Enric Vázquez –del antiguo club Jubilee, y que heredó el poco archivo que Roselló reunió sobre el Jamboree–, fechado el 13 de diciembre de ese año, dice: «El jazz ha muerto en Barcelona al desaparecer la única cava de España. Como única solución, Juan Roselló propone la creación de una sociedad protectora.» El club tenía los problemas económicos que tenía su dueño en aquel momento. Al parecer, perdió mucho dinero en la organización de los festivales de jazz de Barcelona. Yo no estuve presente en la última noche del Jamboree. Sencillamente, un día fui y vi que ya no existía. Sí estuve en cambio, hace poco tiempo, el día en que lo volvieron a abrir, el día en que empezó su nueva etapa.

Voy a terminar. Una de las paradojas del jazz es la capacidad que sus músicos adquieren de fusionar un tema determinado, una composición milimetrada y coherente, con la improvisación libre y bella. La música de jazz es libertad, ficción y libertad. El enfoque independiente de cada frase, la emergencia de la propia personalidad y del talante individual, la coordinación y la disciplina común, voluntariamente aceptada sin perder carácter ni venderse a los demás, eso, eso lo he aprendido del jazz. Y me sirvió mucho, muchísimo, no ya a la hora de superar aquella sociedad del «porompompero» o del «Mariquilla bonita, graciosa chiquita», toda vez que disponía de otras ventanas a las que asomarme, sino a la hora de prepararme para un futuro de libertad, de diálogo, de enriquecimiento interior, y eso es mucho y es importante. Recuerdo un artículo que leí en *Ritmo y Melodía*, mayo-junio del 51, en el que se comentaba la aparición aquí, en la Voz de su Amo, del *Black, brown and beige* de Duke Ellington. Decía en un momento dado el artículo: «Podemos considerar el *Black, brown and beige* como una obra de positivo valor dentro de la música negra, tanto por su concepción como por su calidad musical, que en algunos momentos rebasa lo previsible en una producción de este tipo. Ellington se mantiene fiel a sí mismo, y si bien la suite no es una producción estrictamente jazzística, tiene a su favor el concepto de intensa racialidad del que en toda ella se hace gala.» Esa racialidad negra era entonces y ahora antirracismo. Y el descubrimiento entonces por mí de otras culturas ajenas, de otros pueblos, del sufrimiento y agonía de países subyugados por el colonialismo atroz y por la esclavitud sufrida por los hombres de la piel de color carbón, cazados a lazo por el simple hecho de ser de ese color. Eso fue no una ventana sino una amplia balconada a la que salir para respirar el oxígeno elemental de la vida. Y acabo con una cita de Jean Paul Sartre: «Ya no decidiremos la belleza por la forma o por la materia, sino por la densidad del ser.» La música del jazz y en especial el jazz negro dio sentido a esa densidad, me dio la necesaria dimensión para saber que era cierto lo que años después afirmaría la líder americana Angela Davis, algo que ya había cantado la sudafricana Myriam Makeba y que procede de cuando la rebelión de los esclavos de Roma. La primera condición de la libertad de un esclavo es realizar un primer acto de resistencia. Resistencia o rebeldía. Eso fue, sencillamente, lo que hice al bajar aquella primera noche al Jamboree Jazz-Cava. Y yo lo celebro hoy muchísimo, delante de ustedes.

(21 de noviembre de 1996)

Teresa Pàmies (Balaguer, 1919)

La madrugada que me detuvieron

Un día de 1974, en abril, el mes de las lluvias, entró la policía en la casa de Teresa Pàmies. De madrugada, para atenerse a lo establecido. La policía llevaba una autorización judicial que le permitía registrar la casa y detener a «la amante de López Raimundo».

La señora Teresa Pàmies empezó a escribir tarde, todavía no ha parado y ojalá no pare. Explicará un pequeño incidente que le sucedió en el año 1973. Y por qué «Contigo en la distancia» es el bolero que prefiere.

Buenas tardes:

La posguerra acabó para mí en 1977, cuando participé como interventora de mi partido, el PSUC [Partit Socialista Unificat de Catalunya], en la mesa instalada en el mercado del Ninot durante las primeras elecciones democráticas. Entre la muerte del dictador y aquellos comicios hubo el periodo Arias Navarro, con Fraga como ministro de Interior y el señor Ricardo de la Cierva como gran censor del reino, camuflado, eso sí, con poder para autorizar o «desaconsejar» los manuscritos presentados obligatoriamente a consulta previa. Aquello era todavía la posguerra.

Había vuelto del exilio en el verano de 1971. Acababa de ganar el premio de narrativa Josep Pla con las memorias de mi padre, que figuraba como coautor de *Testament a Praga*. Vine a Barcelona a firmar ejemplares en el mes de abril de aquel mismo año y ya me quedé. El eco popular que tuvo el libro me protegía de los procedimientos represivos que se aplicaban a los otros exiliados que habían regresado, comunistas o no. En aquel tiempo todos éramos rojos y todos teníamos que someternos al filtro policial. Sin embargo, el consulado español en París no podía negar el pasaporte a la ganadora del Josep Pla, con estatus de refugiada apátrida, *femme de ménage* de profesión, madre soltera de cuatro hijos que llevaban sus apellidos, que escribía en la prensa, militante clandestina con seudónimo, por lo tanto, desconocida para los que hacían la lista negra.

Todavía hoy me parece extraño que los de la Brigada Social de Vía Laietana no vinieran antes con la orden de registro de mi domicilio de la calle Casanova, para que los acompañara, «hemos de interrogarla», a las siniestras dependencias de la Jefatura Superior de Policía. Se presentaron una madrugada del otoño de 1973, pero ya no estaban los torturadores. Tal vez se habían hecho viejos y ya no podían ejercer el oficio más abominable del mundo, que requiere una cierta fuerza física. Las cosas habían cambiado también en el aparato represivo, el aparato que sostenía al régimen. Pero no sólo habían cambiado por razones biológicas.

Esto lo comprobé aquel día que llovió sin parar. El interrogatorio, que duró doce o catorce horas, me mostró algunos aspectos del desgaste del régimen y las contradicciones de aquellos que lo habían servido en los trabajos más sucios. Si no hubiera escrito inmediatamente la crónica de aquella jornada, ni yo misma me creería hoy que el búnker franquista tenía grietas profundas, por las que avanzaban ideas y voluntades que los vencedores de la guerra decían haber destruido para siempre. En dos semanas escribí el libro, en un estado agitado, lo confieso, como si tuviera miedo de no tener tiempo para acabarlo y se volvieran a presentar. No se presentaron. El libro lo titulé *Va ploure tot el dia* [Llovió todo el día]. Y es que estuvo lloviendo desde las siete de la mañana hasta las nueve tocadas de la noche.

Presenté el libro al premio Prudenci Bertrana, de Girona. Asistí a la cena de entrega del galardón acompañada de mi hermano Pau y de mi cuñada Núria. Nos tocó estar en la mesa con el historiador Sobrequés. Venía gente a felicitarme, anticipándose a los resultados de la votación. Corría la voz de que ganaba. Todo el mundo hablaba de este libro porque era la crónica de un interrogatorio. Había un cierto morbo en el ambiente.

Pero ganó Biel Mesquida con su novela *L'adolescent de sal*; Mesquida era un mallorquín de veinte años, era el futuro, pero yo no me resignaba a ser el pasado y seguí escribiendo.

Maurici Serrahima y Josep Maria Castellet me otorgaron el voto. Serrahima me dijo que él también había pasado por Vía Laietana y que la descripción que hacía de los calabozos y de aquellas siniestras dependencias le había recordado su paso por allí. Eso le había convencido de que lo que se decía en aquel libro era verdad. Les impresionó. Edicions 62 me propuso publicarlo, anunciándome que no lo presentarían a consulta previa de la censura. Esto era una demostración del cambio del que hablaba. Nadie antes se hubiera atrevido a publicar un libro sin presentarlo a la consulta previa. Me sugirieron, sin embargo, que suprimiera algunas expresiones. Por ejemplo hablar «del policía bueno» y «del policía malo», porque se podría enfadar «el malo». O tal vez se enfadara «el bueno» que no quería pasar por tal. Lo consensuamos. El libro salió el mismo año 1974. Y el dictador no murió hasta un año después.

El día de la lluvia fue para mí y para mis hijos, que estaban presentes, inolvidable y aleccionador. Aquella gente, que eran cuatro y venían naturalmente vestidos con gabardina, llamaron a casa a las siete. Pero estaban en el edificio desde las seis. Tuvieron la gentileza de hacer caso a la portera cuando les dijo: «No suban a despertar tan temprano a esta señora, que trabaja mucho.» Esperaron una hora, movidos no sé por qué sentimiento. Fue mi hijo pequeño, Sergi, el que abrió la puerta. Lo primero que hizo fue venir a mi habitación a despertarme y a decirme:

–*Mare, els flics*.

Flics, en francés, es la bofia. Salí medio dormida. Cuando me despiertan, no sirvo para nada. No carburo. No me creía que estuvieran los *flics* en la puerta. Pero fui y me mostraron una orden que venía de Madrid. Aquella orden especificaba que Teresa Pàmies Bertrán «debe comparecer, ser requerida y conducida...» y todas esas cosas que se dicen. Les pedí una copia de la orden y me dijeron que no, que aquello no podía salir de sus manos. Pero sí me dejaron leerla. Para leerla yo tuve que irme antes al cuarto de baño, a lavarme los ojos con agua salada. Entre los motivos por los que me detenían estaba que Teresa Pàmies «era la amante de López Raimundo». En aquellos mismos días se había escapado El Lute. Lo estaban persiguiendo y un día se fueron a buscar a su mujer. La prensa la llamaba su compañera sentimental. Quise reivindicar mis derechos ante el policía.

–¿Por qué *amante* y no *compañera sentimental*?
–Eso viene de Madrid.

Siempre andaban con lo de Madrid.

Se produjo otro hecho que demostraba hasta qué punto las cosas habían cambiado. Les dije que no podían entrar en la casa sin dos testigos.

–Eso es lo que dice la ley.

Se consultaron entre ellos. Todo esto estaba sucediendo en el rellano. La portera, que los acompañaba, tenía tanto frío que se puso encima de la bata un poncho peruano. Ella se ofreció.

–Yo sirvo de testigo.

Y yo insistí en que tenían que ser dos. Le preguntaron si conocía a alguien del rellano. En el rellano hay cuatro pisos. Llamé a un vecino con el que no había hablado nunca. Era un chico joven. Primero salió en pijama y luego se puso una bata. Le explicaron de qué iba la cosa y aceptó ser testigo con la portera. En aquel momento me sentí tan protegida..., porque si hubieran dicho «yo no quiero saber nada», como tanta gente decía entonces...

El chico y la portera acabaron firmando el acta,

después de un registro divertidísimo, de película italiana. ¿Cómo se registra una casa de aquellas características? Lo primero que les dejó boquiabiertos es que hubiera tantos libros. Se decían el uno al otro: «Es que aquí todo son libros. Como haya que mirarlos todos...» Mirando libros encontraron *Testament a Praga* de Tomás y Teresa Pàmies.
—¿Quién es Tomás?
—Es mi padre.
—¿Dónde está?
—Está muerto. Está enterrado en Praga.
—Praga..., eso es Rusia —le dice al otro.
—Este libro lo escribimos mi padre y yo y ganó un premio.
Es difícil imaginarse cómo cambió entonces la cosa.
—Tenemos que telefonear al jefe. ¿Puedo telefonear?
—Como quiera.
Habló con el jefe y lo primero que le dijo fue que esa señora tenía un premio. Al parecer, aquello también había descolocado un poco al jefe. Cuando acabaron de hablar, se fijaron en que encima del teléfono había un póster. Un póster de un concierto de Raimon en Terrassa, que reproducía la famosa foto de aquel policía vietnamita que le pega un tiro en la sien a un joven. De aquella foto se hicieron unos pósters, que se vendían, a beneficio de los presos, en los conciertos de Raimon. Debajo de la foto estaban los conocidos versos de Raimon: «*No creiem en les pistoles*». El policía que llevaba el papel de la orden, el que me

dijo después que tenía estudios de Derecho, y que parecía el más despabilado de todos, apostilló:
–Eso, eso, nada de pistolas.
Yo pensaba: «Le tendré que decir que deje la suya encima de la mesa.»
Le dije:
–No, claro que no, nada de pistolas.
Según el reglamento, tenían que tomar nota de los libros que les pareciesen subversivos, o bien llevárselos. ¡Qué pereza! Eso era muy difícil. Se limitaron a ver *Testament a Praga*, que les pareció muy natural que estuviera allí. Luego echaron un vistazo a los discos. Con los discos se hicieron un lío porque el más joven, que llevaba una camisa de cuadros y una gabardina muy vistosa, estaba dedicado a los libros. Entre los discos los había de Paco Ibáñez, Raimon, Lluís Llach, estaban todos los «indeseables». También había de blues y alguna zarzuela. Uno dijo que le gustaba mucho la zarzuela.

Mientras tanto, mis hijos se preparaban el desayuno para ir al colegio. El mayor ya trabajaba en un taller metalúrgico de L'Hospitalet. El policía me preguntó cuántos hijos tenía.
–Aquí tengo tres.
Luego me dijeron que dónde estaba el otro.
–El otro ha ido a trabajar.
El policía hizo un amago de preguntarme dónde, dónde trabajaba mi hijo, pero el otro le hizo una señal perezosa, diciéndole que lo dejara. No parecía que tuvieran demasiadas ganas de trabajar.

Mientras tanto, la portera iba indignándose. Abroncó a los policías por que se hubieran atrevido a molestar a una señora como aquélla, a sacarla de la cama, a removerle los libros. Cuando llegó la hora de la famosa frase –debe de estar en el reglamento porque todos dicen lo mismo–, la frase «nos tendrá que acompañar, coja una manta por si acaso», la portera se puso a llorar. Me dijo que no me preocupara por mis hijos, que ella los cuidaría. En el año 1973, para una persona que acaba de venir del exilio, que recibe a la policía al amanecer..., bueno, estas cosas no se olvidan nunca.

Aquella buena mujer no tuvo ocasión, afortunadamente, de ocuparse de mis hijos, porque mis hijos sabían ocuparse de ellos mismos y lo que les preocupaba era si me tendrían mucho tiempo encerrada. Se lo preguntaron.

–Eso no se sabe.

El interrogatorio fue en castellano. Naturalmente, yo también contestaba en castellano. Preguntas como ésta:

–¿Usted cuando fue a París se vio con...?

Y yo decía con quién me había visto, que era el cónsul español. Allí había ido para arreglar definitivamente los papeles de mis hijos y poder inscribirlos en la escuela.

–Su vida es una novela, señora.

Les pregunté qué era lo que ellos entendían por novela y les expliqué de paso lo que yo entendía por vida.

Lo más importante, tal vez, es que aquellos señores, algunos de ellos antiguos torturadores, estaban muy achuchados de salud. Al llover tanto aquel día, había uno que estaba baldado de reúma, tenía los pies encima de un taburete y se quejaba. Los otros le decían que aguantara, que tendría la jubilación al año siguiente. El miedo que tenía era no llegar a la jubilación. Aquel hombre se pasó todo el rato preguntándome si yo que había visto tanto mundo conocía algún sitio donde tratasen el reúma.

–He oído decir que en el mundo comunista están muy avanzados en esto.

Le hablé de un balneario que hay en Yugoslavia cerca de Bocas de Kotor. Me preguntó dónde quedaba y los jóvenes se reían a escondidas.

Lo que quería aquel hombre era que se acabaran los interrogatorios, las detenciones y que todo el mundo pudiera vivir tranquilamente y llegar a la jubilación. Por su parte, también aspiraba a curarse el reúma. Llegó un momento en que aquel hombre me dio lástima. Me di cuenta de que en aquella época se hablaba de la policía o de la Brigada Social con rabia e indignación. Pero que los más viejos ya tenían las uñas roídas y no podían arañar mucho.

A mí no me habían interrogado nunca, aparte de los interrogatorios que me habían hecho en Francia. El primer interrogatorio que me hicieron fue cuando llegué a Francia y me internaron en un campo de concentración. Ese tipo de interrogatorios eran muy humillantes. Te preguntaban si tenías enfermedades venéreas, piojos y cosas así. Sólo pasé un momento difícil cuando me detuvieron en París, indocumentada. Iba indocumentada porque me había escapado del campo de concentración. Me interrogaron en la comisaría del barrio d'Ivry, en las afueras de París. Me tocó un policía que iba muy borracho y estaba tan baldado que eso me salvó. Fue un interrogatorio muy duro. Cuando vi que aquel hombre me quería agredir, atacar sexualmente, me puse a gritar: «*Mare, mare!*» Fue el primer grito que me vino a la cabeza. Entonces tenía diecinueve años. Tengo un amigo que dice siempre: «Incluso en el infierno encuentras a alguien.» Cuando oyó el grito, el policía que estaba en el pasillo, vigilando el despacho de su comisario, entró, me cogió de la mano, me llevó escaleras abajo y me dejó en el banco de la comisaría junto a otras desgraciadas. Aquel hombre me salvó. Me arrancó de las manos de un animal.

Sin embargo, estos de aquí, los últimos del franquismo, ya digo que eran diferentes. El policía del reúma me impresionó: «Pobre hombre», iba pensando. En verdad tenía una rodilla muy hinchada. Le expliqué todos los remedios que conocía: hierbas, friegas, cataplasmas...

Mientras los jefes interrogaban y el mecanógrafo escribía, el más joven estaba apoyado en la pared, en una silla, leyendo un tebeo. Los viejos tenían que aguantar hasta la jubilación. Yo pude mantener cierta tranquilidad de espíritu porque no me cascaron ni me maltrataron ni me amenazaron. A cada pregunta que me hacían tenía que hablar de mi vida, de por qué mi padre era comunista, si yo firmaba mis escritos como Teresa Pàmies o como Núria Pla. Si les hubiera contestado que usaba también el seudónimo, entonces tal vez habrían tenido motivos para retenerme. No paraban de mirar el reloj. Uno le dijo al jefe que tenía que llamar a su mujer para decirle que no podría recoger la ropa, que iba a salir un poco tarde.

Poco a poco iba revisando el concepto que tenía de aquella gente. No digo que fueran unos angelitos o unas hermanitas de la caridad. Lo que me parece más importante de aquella época de la posguerra es que el régimen ya no tenía la virulencia que había tenido cuando fusilaban cada madrugada, cuando se asesinaba por ser sospechoso de simpatías con la República. Todo aquello ya no lo podían hacer, con aquella gente tan roída ya no podían hacerlo. Al mecanógrafo se le caía el papel carbón porque tenía que hacer siete copias. Renegaba, se quejaba de la burocracia insoportable, decía que él no había estudiado tanto para acabar poniendo papel en la máquina... Se quejaba como cualquiera. Aquella gente daba la impresión de no estar dispuesta a continuar con la represión y con los interrogatorios violentos. Ya no llevaban uniforme. Eso no quiere decir que en una manifestación no cogieran a uno de la Assemblea de Catalunya y le dieran una buena paliza para hacerle declarar cualquier cosa que les interesara, pero... Sólo puedo hablar de mi experiencia. A mí no me dieron ninguna bofetada ni nada de eso, ni me humillaron, hay que reconocerlo. Me comporté con enteridad y contesté las preguntas, y debo decir que no sé cómo me hubiera comportado si me hubiesen sometido a la tortura a la que sometieron a mi amiga Tomasa Cuevas, a quien le destrozaron prácticamente la espina dorsal. Tuve la suerte de llegar cuando el régimen ya no podía hacer eso, porque los que torturaron a Tomasa Cuevas eran, entre otros, los hermanos Creix. Creix, a quien, por cierto, nuestro poeta Joan Oliver dedicó una frase: «*Creix però no et multipliquis*» [Crece pero no te multipliques]. Afortunadamente no se han multiplicado. Así que no se trata de decir yo aguanté. Yo no aguanté. Lo que me han enseñado desde pequeña, mi padre nos lo inculcó a todos diciéndonos: «Hijos, no os dejéis domesticar», frase que aparece en *Testament a Praga*. Eso te ayuda a ser siempre lo que eres, o a intentarlo.

Por contraste con el ambiente decadente de aquella policía y de aquel régimen estaba la ciudad de afuera. Yo había llegado a Barcelona en un momento, el año 71, en que había una gran efervescencia político-cultural. Muy a menudo, casi una vez por semana, había conferencias. Al Colegio de Abogados venía Tierno Galván. Al Club Mundo, gente como Ruiz Giménez o el conde de Motrico. Todo esto era, quizás, una maniobra de alguna gente del régimen que quería preparar la transición pacífica porque temían un enfrentamiento sangriento. Creo que era un miedo que compartíamos también los que no éramos del régimen: otra guerra civil. La guerra civil había estallado cuando nosotros éramos muy jóvenes, casi unos niños. A nosotros nos habían dado una guerra para jugar. El miedo no nos lo pudimos quitar nunca de encima.

La policía sabía quién iba a estas conferencias. Se tenía que pedir permiso previamente al delegado del gobierno y éste asistía a la conferencia o a la presentación del libro. Una vez fui a presentar un libro a Mataró y allí estaba el delegado del gobierno. Había una chica que le invitaba a tomar café, se lo llevaba, después volvía y levantaba acta de que todo había ido bien. Al régimen se le escapaban, como decía, algunos resortes.

Durante el interrogatorio, en un momento determinado, uno me preguntó, y esto tiene mucha gracia:

–¿Usted escribió una carta en *La Vanguardia* pidiendo un semáforo para la esquina Casanova y Mallorca?

Yo le dije que sí.

–Es extraño que tenga usted que venir del exilio para que pongan un semáforo y los demás que viven con usted no lo hayan hecho antes. ¿Les quiere usted dar lecciones?

Le contesté que no. Le dije que el semáforo lo habían puesto, pero no por mi carta. Que simplemente era que los vecinos de la izquierda del Ensanche empezaban a moverse. Le expliqué que mis amigos me decían que al ser escritora tenía que escribir una carta y pedir ese semáforo. Y que haciéndolo no se perdía nada. El semáforo fue objeto de toda una interpretación conspiradora, que acababa en el comunismo judeomasónico. Ese tipo de cosas era lo que debía de dejarles cansadísimos. Al fin y al cabo, con interpretación y todo, nada podían hacerme por escribir una carta al diario.

Por último, tenía que aparecer el señor López Raimundo. El jefe me preguntó:

–No tenía visita hoy...
–A las siete de la mañana no son horas de visita.
–Bueno, usted ya me entiende.
–Pues la verdad es que no.
–¿No la visita cierta persona?

Antes de que yo pudiera contestar, les preguntó a los otros policías si no habían encontrado a nadie en la cama. Entonces hablé yo.

–Ese señor López Raimundo no es un irresponsable.
–Pero usted le ve.
–Usted sabe muy bien que no nos podemos ver porque si ustedes me siguen lo cogen.

Habíamos establecido un lenguaje con el que ya era posible decirlo todo. Creo que en el fondo acabaron pensando que de mí no iban a sacar nada, que no valía la pena porque no era un pez gordo. Es evidente que ellos buscaban alguna cosa, siempre buscaban. Me preguntaron muchas veces por determinada gente, si los había visto, si los conocía. Yo contestaba que no y ahí se acababa todo. Claro: mentía como una bellaca. En cuanto al propósito profundo del interrogatorio, pues yo creo que era asustarme. Era decirme: sabemos que has venido, pero te advertimos que es mejor que no te muevas y que te portes bien. Y nada, ni siquiera escribir cartas pidiendo semáforos.

Llegó el momento culminante de firmar las copias, que no se acababan nunca porque había que firmar en el lado, abajo, en todas partes, y había siete hojas. Les dije que iba a perderme «La pantera negra», el serial que daban a las siete.

–Cada tarde lo escucho.
El policía se acercó entonces al jefe.
–Ahora resulta que esta señora escucha los seriales.
–¿Y cómo te va a extrañar?
A eso de las nueve pedí permiso para llamar a mis hijos. Telefoneé, les pregunté si habían comprado algo para cenar, que saldría para estar a la hora de la cena con ellos. No habían comprado nada. Los reñí. Me preguntaron si me habían hecho algo. Les dije que no. El pequeño me dijo que no me fiara. Le dije que cogería un taxi. Me preguntó si no me llevarían ellos. Ellos ya me habían llevado a la comisaría en un coche blanco, que parecía una ambulancia y que habían aparcado en la esquina. Un coche blanco con bastantes placas donde ponía «coche oficial». Envuelta en la manta me habían puesto en medio de dos policías... Para volver a casa cogí un taxi, porque seguía lloviendo. Lo cogí delante de la casa Vilardell.

El policía bueno, el que había hecho estudios de Derecho, el más correcto, me acompañó hasta la puerta de la jefatura.
–Hasta aquí hemos llegado.
–Sí.
Yo pensé que después volverían, que me seguirían, que querrían saber adónde iba. Fui a pie hasta Vilardell y allí subí al taxi.

(28 de noviembre de 1996)

Eduardo Mendoza (Barcelona, 1943)

El día que hice las maletas

El 1 de diciembre de 1973 tomó un avión que volaba hacia Nueva York. Todo fue un malentendido: quería ir a Ginebra. Pero eso no tenía importancia. Lo importante era marcharse de Barcelona: ni la protesta ni la esperanza daban ya para aguantar tantas horas. Además habían cerrado su bar preferido de Tuset.

Eduardo Mendoza ha escrito algunas de las mejores novelas españolas de su tiempo. En el año 1973 tomó una solución drástica: abandonar la ciudad. Él sabrá por qué.

Buenas tardes:

Aproximadamente el día 1 de diciembre del año 1973 hice las maletas. En realidad, ese día no hice las maletas sino que tomé el avión y me fui de Barcelona. Las maletas, como siempre que alguien se va por un tiempo indefinido, seguramente estaban hechas con unos cuantos días de antelación. Cuando se dice *hacer las maletas* se quiere decir *adiós muy buenas*. Me fui de Barcelona. Tampoco había hecho las maletas, en este sentido metafórico, dos días antes, sino seguramente un año antes. Me fui de Barcelona por varias razones.

En primer lugar, porque me siento muy a gusto siendo forastero. Habría que preguntar a un psicoanalista por qué es así. Hay personas que no pueden moverse de su casa, pero a mí lo que me gusta es vivir en lugares donde no conozco a nadie, donde no entiendo el idioma y donde me pierdo cada día por la calle.

Por otra parte, la situación laboral mía en aquel momento no era mala, pero no era tampoco la que me resultaba más apetecible. Yo soy de formación jurídica, soy abogado. Había encontrado varios trabajos, el último de ellos, que estaba desempeñando para comer, era en la asesoría jurídica de un banco donde me trataban muy bien, incluso mejor, a la vista de mi esfuerzo, de lo que merecía. Pero lo que yo quería era escribir y al trabajar allí sólo pretendía cumplir con las ocho horas laborales. Esto me resultaba muy cansado y además los tiempos estaban cambiando: España se modernizaba y el funcionario que dedica un rato al trabajo, a hacer el crucigrama, a hacer quinielas y al que luego aún le queda tiempo para sus cosas, iba desapareciendo. La empresa exigía una dedicación cada vez mayor al trabajo, que yo no estaba dispuesto a darle porque tenía otras ilusiones.

Entonces, se me presentó esta oportunidad: un trabajo en el extranjero que me parecía más acorde con mis aficiones. Era un trabajo de traductor en la ONU. Había salido un anuncio en el periódico un año o un año y medio antes: estas cosas son lentas. Me presenté a unos exámenes en Madrid, aprobé y luego hice una entrevista. En el curso de esa entrevista me enteré de que no estaba buscando un trabajo, como yo creía, en Ginebra, que al fin y al cabo estaba al lado de Barcelona y se podía ir y venir en tren con mucha facilidad, sino que el trabajo era en Nueva York. Como estaba embarcado en el asunto acepté. Nueva York me parecía entonces un sitio horroroso. Nadie decía más que pestes de Nueva York y también de los americanos. Decían que los americanos son una gente muy infantil, unos borrachos y unos seres violentos: se ve que esto último coincide con el espíritu infantil. Nueva York no tenía entonces el prestigio que tuvo luego. Yo me pasé diez años. Llegué lleno de temores. En el auropuerto pensaba que el aduanero me sometería a todo tipo de vejámenes. La impresión que me produjo en aquel momento fue muy poco tranquilizadora porque la llegada a Nueva York es un poco agobiante. En aquel momento la literatura no me había proporcionado un arquetipo que yo pudiera aplicar. Ahora todo el mundo va con unos *nuevayorks* que ha visto en las películas, que ha leído, que le han contado, que ha visto en los anuncios de cigarrillos. Y en consecuencia Nueva York le parece muy casero. En cambio, yo llegaba sin esta imagen, o con la imagen más bien siniestra de *El Padrino*. Me dio un poco de miedo. Luego me fui habituando, y aunque había llegado allí de rebote, ya no me quise marchar. Cuando tuve la oportunidad de volver a Europa y de conseguir un traslado, estaba tan a gusto allí que preferí quedarme.

Entonces sí era muy frecuente que la gente de mi generación y de mi circunstancia se fuera a vivir una temporada fuera. En aquel momento había gente viviendo en Alemania, había gente que desempeñaba una cátedra o un no sé qué de español en Oxford. Por Nueva York habían pasado y seguirían pasando muchos amigos míos, hasta que acabó convertida en foco de atracción, de visita y de residencia obligada para esta gente.

Al mismo tiempo, se daba el hecho innegable de que Barcelona me aburría horrorosamente. Alguien, malévolo, ha escrito que se había cerrado mi bar favorito, el pub Tuset, y que fue por eso en realidad por lo que me fui. Pero es bastante verdad. No el hecho de que hubieran cerrado un bar, sino el hecho de que una cierta forma de vida, un núcleo, una tertulia que había sido importante para mí y para la vida intelectual de la ciudad, había cerrado sus puertas. Cuando pasan estas cosas tienen muy mal arreglo. La gente andaba vagando de un sitio para otro, no había un lugar de reunión, se había deshecho el discurso habitual y fácil de la vida intelectual en Barcelona. Por lo tanto, algo de eso había en las razones de mi marcha.

Así pues, ya se ve que no había una situación dramática que me impulsara al exilio; al contrario, era una decisión fríamente tomada. Sabía que dejaba atrás familia, amigos y en definitiva la seguridad que da estar en la propia ciudad. Y que me iba a un lugar desconocido, del que tenía las peores referencias. En esta visión que tenía de la situación intervenían una serie de factores objetivos que ahora repasaré brevemente y que tienen bastante más importancia que mi propia experiencia. Yo no podía sospechar que en el momento en que subía al avión se estaban produciendo dos hechos que iban a cambiar por completo el curso de la historia. Uno en el mundo y otro en España. En cuanto al primero, se estaban librando las últimas etapas de la guerra de Yom Kippur. Una guerra breve: Israel contra los Estados árabes. El día en que me marché los periódicos hablaban de un intenso intercambio de fuego de artillería ligera y de ametralladoras en la carretera que va de Suez a El Cairo. Las tropas israelíes estaban muy cerca de El Cairo, aunque ya todos los Estados estaban interviniendo para lograr un alto al fuego. Sin embargo, los árabes habían descubierto, a raíz de esa guerra, que tenían un arma, mucho más eficaz que los cañones y las ametralladoras, que era el petróleo.

Acababa de estallar la crisis del petróleo, que iba a cambiar completamente la historia, que iba a producir, como todos sabemos, la aparición de los Estados árabes y del Islam como protagonista, la enorme acumulación de capital en los bancos internacionales, la irresponsabilidad de los empréstitos al Tercer Mundo, la enorme deuda exterior, el cambio total de los mercados financieros.

En esos días los periódicos sólo hablaban de la crisis del petróleo. En Inglaterra habían reaparecido los cupones de racionamiento de combustible para la gasolina y para la calefacción. En Alemania habían desenterrado los coches de gasógeno que se habían utilizado en la posguerra. Se había impuesto en muchos países el límite de velocidad. Se habían reducido las horas de alumbrado público. Se decía que la Navidad que se acercaba iba a ser una Navidad sin adornos en las calles. La Bolsa se había derrumbado en todos los mercados. Parecía que la civilización occidental estaba tocando a su fin. En Vietnam seguiría la guerra, aunque entonces se había firmado una paz que había hecho concebir muchas esperanzas y que luego resultaría falsa. Sin embargo, el que había firmado la paz, el presidente Nixon de los Estados Unidos, estaba envuelto en el caso Watergate, que acabaría con su dimisión: sería el primero de una larga serie de asaltos legales al poder. Fue probablemente uno de los antecedentes de la sistemática destrucción de la democracia que ha continuado hasta el día de hoy con la idea de que los gobernantes son todos unos sinvergüenzas que tienen esqueletos en el armario y que lo que hay que hacer es llevarlos a la picota porque tarde o temprano, por una cosa o por otra, acaban por caer. Como dice el refrán árabe: «Cuando llegues a casa pega a tu mujer, que si tú no sabes por qué le pegas ella seguro que sí lo sabe.» Con los políticos pasaba lo mismo.

Perón había vuelto a ocupar la presidencia de la Argentina, aunque por un período muy breve ya que iba a morirse enseguida. Y los militares de Grecia habían derribado el régimen democrático de Papadopoulus. En la cárcel de Massachusetts habían asesinado al estrangulador de Boston. Se acercaba a la tierra el cometa Cojute, que ya ha pasado muy a la historia. El *Tele-eXprés* del 29 de noviembre decía: «A partir del 20 de diciembre el cometa podrá verse a simple vista. Es posible», añadía con el rigor habitual en este periódico, «que alcance unas treinta veces el diámetro que nosotros le vemos al sol.» Tal cosa, naturalmente, no sucedió.

En el Vaticano estaba Pablo VI, pero ya nadie hacía mucho caso de la reforma posconciliar que había ocupado tanto la atención del mundo. Sin embargo, las masas ahora acudían enfervorizadas detrás de un personaje que se llamaba el Yogui Maharasi o Mahabarasi o algo así, un mamarracho. Todo el mundo cantaba y bailaba «¡Hare Krysna!» por las calles, con la túnica y la cabeza rapadas, menos en España, que no se cantaba ni se bailaba nada. La princesa Ana de Inglaterra se había casado con el señor Mark Philips, hecho que aparecía en los periódicos en la sección del corazón. Y los príncipes don Juan Carlos y doña Sofía estaban en Mallorca. Esto era lo que pasaba en el mundo.

En España el panorama era distinto. En una revista que se publicaba entonces, que se llamaba *Gaceta Ilustrada*, la revista del conde de Godó, que procuraba alternar los artículos serios, la información y el comentario de actualidad con amenidades y frivolidades; siempre salía alguna actriz de moda, que en aquella época solía ser italiana, con unos vestidos hasta donde permitía la censura. Eran frecuentes unos vestidos de una malla muy ancha: daba la impresión de que por allí iba a salir algo, pero nunca salía nada. Bueno, aparte de la italiana, el reportaje central estaba dedicado a don Manuel Fraga Iribarne, que enseñaba su nueva residencia en Londres. Salía en varias fotos, con traje de embajador, con bicornio y plumas, mitad urbano de gala mitad húsar, muy sonriente y en general haciendo el ridículo más espantoso. Iba enseñando la mansión: aquí la cocina, aquí el salón de la residencia, en Belgravia, claro, como corresponde al embajador de España en la corte de Saint James, que era así como se decía entonces.

Fraga estaba en Londres. Había sido nombrado

embajador, cargo muy agradable, un poco como premio por su larga labor en el Ministerio de Información y Turismo y también un poco para quitarlo de en medio, porque en aquella época Fraga y otras personas estaban empeñados en introducir una reforma democrática que permitiera una tranquila transición. Unos días antes, otro personaje con las mismas convicciones, Silva Muñoz, había pronunciado una conferencia en el Club 21 en la que hablaba de la necesidad de regularizar las asociaciones políticas. En España soplaban vientos de cambio, aunque la situación era bastante confusa. A nadie se le ocultaba que Franco tenía los días contados, pero, por supuesto, nadie sabía cuántos días iban a ser. Mientras Franco viviera no había que preocuparse por nada. Estaba viejo, enfermo, ininteligible, no se sabía si coordinaba o no coordinaba, no se sabía si estaba capacitado para seguir mandando, pero sí se sabía que estaba capacitado para mantener la inercia de treinta y cinco años de una dictadura basada en la represión y la corrupción. Por lo tanto, mientras él viviera no había ningún problema. También la continuidad estaba asegurada en la persona del príncipe don Juan Carlos, ya designado como sucesor del jefe del Estado.

Sin embargo, como dice Raymond Carr, había que ajustar las instituciones políticas a la naciente sociedad española. La sociedad y la economía habían cambiado y había que poner al día las instituciones. Y esto estaba resultando un fracaso desde todos los puntos de vista. En mayo de 1973, ya con miras a la transición, se había hecho una cosa insólita: separar las funciones de jefe de Estado y de jefe de Gobierno. Las funciones de jefe de Estado las seguía teniendo Franco, y como jefe de Gobierno se había elegido a un hombre particularmente liberal y sobre todo de aspecto agraciado, Luis Carrero Blanco, que estaba decidido a garantizar la continuidad, para lo cual era necesario garantizar el orden en todos los sectores, aunque fuera a base de una represión decidida.

Lo que pasó fue que en 1973 la represión ya no surtía efecto. En 1973 se perdieron jornadas laborales por causa de huelga como nunca había sucedido en la historia del régimen. Una huelga bastante violenta en la central eléctrica de Sant Adrià, en abril de 1973, acabó con la muerte a tiros de un huelguista. Esto provocó una reacción en toda Cataluña como no se había visto desde la guerra civil. Desde varios meses antes continuaba la huelga de los mineros en Asturias. El panorama general era de amargo enfrentamiento entre los obreros y el gobierno, más que entre obreros y patronos. En realidad, era una lucha más política que laboral porque la situación laboral, con todas las salvedades, era bastante buena: el régimen de Franco tenía un verdadero afán por mantener una paz social que cara adentro garantizaba su legitimidad interna: «Nosotros somos los garantes de esta paz social.»

La paz social, por otra parte, hacía muy atractiva la inversión de capitales extranjeros. Los años setenta fueron años de gran inquietud social en toda Europa y de gran inquietud laboral. Fueron los años del terrorismo urbano en Italia y en Alemania, y España ofrecía, mientras tanto, un excelente panorama de paz y de mano de obra barata. Sin embargo, la crisis del petróleo iba a cerrar para siempre el grifo de las inversiones extranjeras.

La oposición al régimen de Franco se había generalizado. No sólo la clase obrera, como hemos visto, estaba en lucha, sino que la Iglesia, uno de los puntales del régimen, también le había vuelto la espalda. En noviembre de 1973 se había dictado sentencia de entre diez y doce años de prisión a unos curas, llamados los seis curas de Zamora, por haber escrito una carta de protesta al Ministerio de Industria, de la cual habían enviado copia, con mucha astucia, a la Cruz Roja Internacional y a la ONU. Se les sometió a consejo de guerra y el consejo de guerra consideró que esta carta era atentatoria contra el Estado. Y fueron condenados. La Iglesia no sólo tomaba parte activa en la lucha contra el régimen, sino que hacía algo mucho más útil: prestaba locales. No se habría podido hacer nada contra el régimen si la Iglesia no hubiera prestado templos y conventos, donde mucha gente se pudiera reunir con unas mínimas condiciones de seguridad y de tranquilidad.

La actitud de la Iglesia española se debía en parte a las instrucciones del Vaticano, mucho más aperturista después del Concilio y quizás también, yo no quiero ser del todo mal pensado, al llamado cambio de chaqueta. Porque las instrucciones del Vaticano no habían afectado, por ejemplo, a los obispos de Chile. Allí acababa de producirse el derrocamiento de Allende y la sangrienta implantación del régimen de Pinochet, y los obispos habían escrito un comunicado, intentando salir al paso de quienes decían que la Iglesia no se había opuesto a colaborar con Pinochet. Decía el escrito: «Los obispos chilenos han ofrecido su colaboración en la obra de reconstrucción del país y en particular en la tarea de pacificación de los espíritus.»

También estaban contra el régimen de Franco, desde hacía mucho tiempo y de una forma muy movida, los estudiantes. Aquel año la Universidad de Barcelona había perdido la condición de autónoma. No sé bien qué quiere decir eso porque siempre había entrado la policía a palos. El mismo día en que yo tomé el avión, el 1 de diciembre de 1973, la policía abortó conatos de manifestación y disolvió asambleas no autorizadas en la Universidad Complutense. En la operación intervinieron, según decía la prensa, abundantes efectivos de a pie y de a caballo. A esta contestación se sumaban intelectuales, artistas, profesionales y un porcentaje importante del sector empresarial, con gran indignación de algunos elementos del régimen. Por ejemplo, en noviembre de 1973, en una reunión en el Alto de los Leones de Castilla, Girón hizo una arenga contra «los acomodaticios a quienes defendimos su dinero y sus negocios, no siempre limpios, y ahora nos acusan de intransigentes, y en cambio tienen todo género de liberalidades para quienes han puesto en circulación el pensamiento de Marx o el catecismo de Mao. Con tal de persistir, pactarían con el mismo diablo». Supongo que la palabra *persistir* quiere decir subsistir: Girón mismo ya daba por

139

acabado el régimen. En estas palabras hay también un reconocimiento de importancia: la cruzada de liberación se había hecho por Dios, por la Patria, por el Rey y por los Negocios Sucios de los que la habían financiado. Girón no tuvo empacho en reconocerlo al ver que estaban repartiendo el catecismo de Mao.

El régimen tenía también un enemigo relativamente nuevo. Cinco años antes, en 1968, concretamente el 7 de junio, ETA había matado a un guardia civil que había interceptado un coche. Se trató del primer acto violento atribuido a esta organización, que se hizo famosa el 5 de agosto de ese mismo año al asesinar al jefe de policía de Bilbao, si no me equivoco, llamado Melitón Manzanas. Con ese motivo se decretó el estado de excepción en Guipúzcoa durante seis meses. No llegó a cumplir los seis meses, puesto que antes de que venciera el plazo se decretó el estado de excepción en todo el territorio español. El estado de excepción del año 68, viéndolo ahora con la distancia de los años, supuso un cambio radical en España y en Barcelona también. Aquellos años sesenta de la *gauche divine* acabaron con el estado de excepción. Barcelona, que hasta ese momento había sido una ciudad alegre y superficial, iba a convertirse a partir de entonces en una ciudad triste y superficial.

ETA, como decía, había seguido cometiendo atentados con artefactos explosivos y en enero del año 1973 había secuestrado a un industrial navarro llamado Felipe Huarte. El mismo día en que yo tomé el avión, ETA estaba acabando los preparativos para la construcción de un túnel que salía del sótano de la calle Claudio Coello, esquina Juan Bravo, en Madrid, y desde el que iban a hacer explotar, veinte días más tarde, el coche en el que viajaba Carrero Blanco, y así, por tanto, cambiar la historia de esta transición prevista pero truncada. Esto, por supuesto, no lo sabía yo ni tampoco lo sabía Carrero Blanco, cuyas cejas estaban abrumadas por los problemas políticos que acabo de mencionar y también por terribles problemas económicos. El milagroso desarrollo de los años sesenta se había acabado. Habían empezado años de una inflación tremenda. Por ejemplo, en otoño de 1973 el gobierno había autorizado un aumento salarial del 14 % para algunos sectores. Como era inferior al aumento del coste de la vida, los sindicatos habían protestado y hubo huelgas. El aumento del 14 % hoy nos parece algo astronómico, pero no era suficiente para cubrir la inflación. Había, en cambio, muy poco paro. Es curioso, casi chistoso, que una de las huelgas que entonces se hicieron, me parece que en Andalucía, fue a causa de la negativa a hacer horas extras. El día en que yo me fui el dólar se cotizaba a 57 pesetas, el marco alemán a 21 pesetas y el franco suizo a 17 pesetas. Un sueldo medio, por ejemplo el que yo cobraba antes de irme, era de 15.000 pesetas. Y una estupenda cena en un buen restaurante de Barcelona costaba unas 400 pesetas.

Sin embargo, aunque la situación del régimen era tambaleante, la oposición era presa del desaliento. Por una parte, el Mayo del 68 de Francia todavía hacía sentir su peso, al igual que la Primavera de Praga.

Quienes confiaban en la posibilidad de una revolución florida desde dentro del sistema habían visto en París que era imposible. Quienes confiaban en una evolución hacia la libertad desde los regímenes del Este también veían que aquello no tenía salida. Yo había visitado Praga años antes de la primavera. Había conocido algunos intelectuales checos y los había visitado en su país. A la vuelta, después de visitar Checoslovaquia y Alemania oriental, volví diciendo que aquello me parecía inviable y que no respondía a las expectativas que nos habíamos creado los que confiábamos en la revolución marxista-leninista. Decir eso me granjeó muchas antipatías, incluso entre mis amigos. Es curioso ver ahora que en aquella época todo el mundo era marxista, pero todo el mundo se iba de vacaciones a Ibiza y a Grecia. A nadie se le ocurría dedicar quince días al año para ver aquello a lo que habían dedicado toda su vida. La gente estaba muy emperrada y le interesaba más lo que leía y menos lo que podía ir a ver.

En España, la oposición organizada seguía estando dirigida por el Partido Comunista, y en Cataluña, por el PSUC. Era el único partido que ofrecía una organización cabal y unas ciertas garantías de seriedad. Yo creo que mucha gente seguía las normas del PSUC en el convencimiento de que nunca llegarían al poder, pero convencida también de que mientras tanto desempeñaba un papel útil. El Partido Socialista era casi desconocido para la masa, salvo para quienes estaban involucrados en él, y sólo se conocían los nombres de Tierno Galván y el de Reventós en Cataluña.

Había también una oposición conservadora blanda de Ruiz Giménez, Gil Robles y Areilza.

En Cataluña funcionaba la Asamblea de Cataluña, que como su nombre indicaba no se sabía muy bien lo que era. En Cataluña todo se llama *asamblea*, o *plataforma*, y siempre se hace un pacto para pactar otro pacto. La vaguedad de su nombre, en cualquier caso, le permitía a la Asamblea aglutinar amplios sectores de la oposición. Aunque jamás dio la impresión de que se llegaría muy lejos –y en efecto no se llegó muy lejos–, esta sensación de unidad para no ir a ninguna parte que siempre damos los catalanes producía una gran admiración a los de fuera y una gran satisfacción a los de dentro. En realidad, si la memoria no me engaña, lo que yo creo que pasaba es que nadie confiaba en que se fuera a producir un cambio verdadero. Habíamos vivido tantos años en aquel régimen que todo el mundo había perdido de vista la existencia de otros mundos. Había queja, había protesta y había enfrentamiento, pero no había esperanza. Nadie pensaba que el régimen fuera a desaparecer. Unos porque creíamos que Franco no se iba a morir nunca. Sabíamos de la existencia de los ciclos vitales, pero pensábamos que en aquel caso no se cumplirían. No era una verdad que tuviéramos asumida como tal: era una verdad científica, pero no una verdad anímica. Por otra parte, pensábamos que un régimen tan inflexible como aquél, seguramente tenía cubiertas muy bien las espaldas. Algunos pensaban en *la caída del régimen*, pero sólo en términos de cataclismo. Incluso estas mismas palabras, «la caída del régimen», ya daban la impresión de un derrumbamiento violento, y como nadie quería la violencia, porque el recuerdo de la Guerra Civil aún estaba muy vivo en la memoria colectiva, la gente se resignaba a que pasara lo que tuviera que pasar con tal de que el cambio no se produjera de forma traumática. En realidad, creo que todo el mundo se llevó una gran sorpresa cuando el cambio se produjo de una manera ordenada y radical.

Tampoco la gente del régimen creía en la posibilidad de un reciclaje. Si les hubieran dicho: «No te preocupes, que seguirás desempeñando el mismo cargo con el mismo sueldo y no te pasará nada», se habrían llevado una sorpresa muy grande. Quizá porque entonces todavía se creía en la conciencia. Pero olvidemos esto.

El día que hice las maletas los periódicos hablaban de otras muchas cosas que no aludían sólo a este panorama político tan sórdido. El régimen estaba en un momento muy duro y todavía había de prolongarse un tiempo, desde el punto de vista histórico muy breve, pero muy largo para quienes lo sufrieron. Fueron dos años sangrientos. El panorama cultural del año lo definía Oriol Pi de Cabanyes –casi igual que ahora– en el número de diciembre de 1973 de *El Ciervo* en un artículo titulado «Cultura, contracultura y cultureta» –casi igual que ahora–. El año cerraba su ciclo dejando dos ilustres muertos, los dos casi llamados Pablo: Pablo Neruda, que no se llamaba Pablo, y Pablo Casals, que se llamaba Pau. El panorama literario lo definía Robert Saladrigas diciendo que el año había tenido un tono grisáceo y abrumadoramente plomizo. Es curioso que en aquella época todos tuviéramos esa visión de la realidad cultural y especialmente literaria, puesto que en efecto así era la realidad, a pesar de que si ahora repasamos la lista de nombres, vemos que el panorama no era tan malo. Por ejemplo, Vargas Llosa había publicado *Pantaleón y las visitadoras*, Cortázar, *El libro de Manuel*, y Torrente Ballester, *La saga fuga de J.B.* La novela más interesante del año, entre las escritas aquí, la había publicado Juan Marsé, no aquí, sino en México: *Si te dicen que caí*. Seguramente habría causado sensación en España, pero hasta algún tiempo después no pudo publicarse aquí. Aunque parezca mentira, Manuel Vázquez Montalbán no publicó aquel año ninguna novela... Pero sí publicó dos libros: uno de poesía y otro de ensayo. El Premi d'Honor de les Lletres Catalanes recayó en J. V. Foix. Aparecieron nuevos valores en la poesía catalana: Oriol Pi de Cabanyes y Narcís Comadira empezaron a publicar, si los datos no me fallan, ese mismo año. Gimferrer ya era un autor consagrado y estaba a punto de publicar uno de sus libros de poesía: *L'espai desert*, que aparecería en diciembre de ese año. La novela negra estaba muy de moda entonces en España y se le atribuían grandes virtudes. Se leía también a los autores españoles en el exilio: sobre todo a Sender, Max Aub, Gil Albert y Corpus Barga, que aquel año publicó *Los galgos verdugos*.

Más interesante desde el punto de vista de la renovación de las letras y para contradecir el tan negro panorama observado por Saladrigas, el 30 de octubre de ese año, en una librería de Madrid, bajo los auspicios de Carlos Barral y con el título: «¿Existe o no una nueva novela española?», se presentaban, apadrinados por Juan García Hortelano, cinco novísimos novelistas: Ana Maria Moix, Félix de Azúa, Javier del Amo, Carlos Trías y Javier Fernández de Castro. En ese mismo paquete, aunque no era un novísimo, Juan García Hortelano publicó *El gran momento de Mary Tribune*. Sobre todos ellos flotaba la sombra de Juan Benet.

Este mismo año, antes de irme, y después de recorrer algunas editoriales, había dejado depositado un manuscrito en manos de mi buen amigo Pere Gimferrer, que entonces, al igual que ahora, estaba en la editorial Seix Barral. El manuscrito llevaba por título –yo siempre he sido muy malo poniendo títulos– *Los soldados de Cataluña*, sacado de la canción: «Quisiera ser tan alto como la luna y ver los soldados de Cataluña.» El libro se presentó a censura y la censura dijo que ese título no podía funcionar. Efectivamente, las consecuencias de ese título en la estabilidad general habrían sido terribles. Entonces pensamos qué podíamos hacer. No se nos ocurría nada. Hasta que nos reunimos Pere Gimferrer y yo y lo llamamos *La verdad sobre el caso Savolta*. Cuando subí al avión el libro estaba contratado y se quedó en Seix Barral, donde en su momento (1975), y siguiendo su curso, apareció con el título que aún mantiene.

La censura era entonces muy importante. Por ejemplo, en un periódico del día anterior al que me marché, el joven editor Jorge Herralde explicaba que en su editorial relativamente nueva, Anagrama, había una colección titulada «Documentos» que gracias al sistema de consulta previa había quedado reducida al 50 %. Y el joven editor añadía que a partir de ese momento iba a optar por arriesgarse, publicar los libros y presentar a depósito los ejemplares correspondientes, con el consiguiente riesgo de sanción y secuestro. Esto lo decía en la presentación del premio Anagrama de Ensayo, que había ganado el joven filósofo Xavier Rubert de Ventós.

En el Liceo, que todavía estaba en pie, no como ahora, se representaba la *Lucia di Lammermoor* con Jaume Aragall y *La Traviata*, con Montserrat Caballé y Josep Carreras. Ha cambiado poco la lírica. En cambio, en el mundo del teatro se han producido muchas bajas. En la cartelera de aquel día figuraban teatros que ahora ya no están. Por ejemplo, el Barcelona, el Español, el Moratín, el Talía y el teatro Don Juan, que nadie recuerda, un teatro muy pequeño que estaba en Vía Augusta-Travesera, donde hoy está el actual Arkadín, y donde Alejandro Ulloa, en noviembre, quizá una de las últimas veces, hizo el Tenorio. En el Apolo actuaban Tania Doris, Pedrito Peña y Luis Cuenca. En el Barcelona la cosa era peor, porque habían estrenado *Los buenos días perdidos* de Antonio Gala. En el Romea, Mario Cabré hacía *Terra Baixa*. En el Poliorama Amparo Soler Leal presentaba una versión muy arriesgada de *La señorita Julia*, dirigida por Marsillach. Els Joglars estaban dando entonces *Mary d'ous* y La Trinca *Mort de gana Show*.

El Barça, como siempre, daba grandes satisfacciones y todos ustedes si son aficionados podrían recitar la delantera de aquel momento: Rexach, Asensi, Cruyff, Sotil y Marcial. La prensa deportiva hablaba de un enfrentamiento muy grave entre el presidente del Barça, el señor Montal, el entrenador Rinus Michels y Cruyff, que tenía ideas de cómo jugar al fútbol y se peleaba con la directiva. Estamos en 1973.

La televisión tenía solamente dos cadenas: la primera y la segunda. La programación empezaba a las 14.00, avance informativo y primera edición de «Telediario», y acababa a las doce en punto con unos momentos de meditación, porque la televisión se consideraba entonces responsable del sosiego de todas las almas españolas. Se empezaban a emitir algunos espacios en color, pero la televisión había decaído muchísimo. Por ejemplo, las series míticas ya habían pasado a la historia y sólo había dos que alguien pueda recordar en estos momentos: «Canon» y «Kung-Fu». En noviembre de 1973 se repuso una película de Televisión Española que se llamaba *La cabina*, que era un rollo insoportable. Pero como había ganado un premio la pasaban continuamente. Era una cosa muy pretenciosa y aburrida, con José Luis López Vázquez, que se pasaba todo el rato metido en una cabina de teléfono.

En el cine la censura incidía de una manera brutal. Entonces la censura tenía tres grandes preocupaciones. Una era, por supuesto, ideológica. Otra era libidinosa; ahí la censura iba cortando con tijeras, con gran frenesí. Esta circunstancia había creado una especie de principio de acción y reacción: como ellos consideraban que la pornografía podía tambalear los puntales de la sociedad, la oposición también se lo creía. Así, todo el mundo que iba a Francia volvía con unos libros de Ruedo Ibérico, las obras completas de Lenin y unas revistas de tías en pelotas. Otra obsesión de la censura era demostrar que los españoles éramos muy buenos. Nunca he entendido muy bien por qué, pero parecía que toda la maldad y todos los vicios se detenían en los Pirineos. Aquí no había gente mala, no había crímenes. Tal vez porque pensaban que el orden y la paz vigentes hacían que la gente fuera buena. Pero si la gente era tan buena, qué necesidad había entonces del Estado policial: ésta era una contradicción que el Estado nunca se preocupó por resolver. La oposición, según su costumbre, reaccionó ante tanta bondad y aún ahora el cine español conserva la costumbre de los descuartizamientos. En las películas de entonces se veía corrientemente a uno que mata a su vecino, se come la mitad y la otra mitad la guarda en la nevera: creían que todo eso hacía mucho daño al régimen, no sé por qué. De esas películas se decía que tenían mucho morbo. Su representante máximo era Eloy de la Iglesia. Por supuesto, también continuaba el cine español de siempre. En aquel momento estaba en cartel una película estupenda que se llamaba *Lo verde empieza en los Pirineos* y otra, que participaba de las dos tendencias, que se llamaba *Aborto criminal*, título que seguramente resume el argumento y el resultado final del producto. En aquel año Erice había estrenado *El espíritu de la colmena*. Se podía ver en las carteleras *El padrino*, *Cabaret* y

Hatari, tres películas excelentes. En los cines de arte y ensayo, a costa de tragarse muchos tostones, se podían ver películas interesantes. En aquel momento estaban dando una de Oshima que se llamaba *El muchacho*, *El paseo por el amor y la muerte*, de John Huston, y *Roma, ciudad abierta*. Por segundo o tercer año seguía en cartel una película llamada *Helga*.

La prensa era muy distinta a la actual. Sorprende ahora leer la prensa de entonces y ver lo distinta que era, salvo el *Hola*, que era exactamente igual y con los mismos personajes. Han desaparecido muchísimos periódicos de entonces: *El Noticiero, La Prensa, Hoja del Lunes, El Correo Catalán*... Prácticamente sólo subsiste *La Vanguardia*. Algunos eran periódicos muy cutres y hacían lo que podían. En realidad, es curioso pensar que así como el cine y la televisión preocupaban mucho al gobierno, nadie pensaba en la capacidad de la prensa para influir en la opinión pública. A todo el mundo le interesaba tener los medios de difusión amarrados, como quien tiene a una fiera o a un gigante atado, pero a nadie se le había ocurrido sacarles provecho. Eso vendría más adelante. La retórica y la enorme propaganda oficial habían desacreditado de tal modo a los medios de difusión que habría sido muy difícil utilizarlos de ninguna manera: bastaba con tenerlos amordazados.

Las revistas eran minoritarias y por lo tanto gozaban de una cierta libertad. Estaba *Destino*, que todavía dirigía Néstor Luján, donde colaboraban viejas glorias. Era una revista un poco caduca: Pla, Dionisio Ridruejo, Teixidor, Madariaga..., aunque también había empezado a colaborar gente joven, por ejemplo, Gimferrer y Umbral. La revista, en general, tenía el tono de quien vive más del recuerdo que de la discusión. De *Gaceta Ilustrada* ya he hablado antes: colaboraban, por ejemplo, Fernando Lázaro Carreter, Julián Marías, Laín Entralgo o Pemán. Estaba también *Serra d'Or*, una revista muy rara vista ahora, una revista religiosa con un nivel intelectual alto.

Una de las cosas chocantes, que yo había de descubrir al llegar al extranjero, era que lo importante en prensa no era tanto que la noticia apareciera o no apareciera, que la información fuera de un tipo o de otro, sino que el nivel de análisis y de reflexión fuera maduro o fuera infantil. En España era muy infantil. Cuando había una excepción, como era el caso de *Serra d'Or* –una revista por otra parte muy beatona–, leerla producía una satisfacción intelectual que casi tenía poco que ver con el contenido. Las críticas de libros y de cine de esta revista eran especialmente buenas.

Una consideración aparte merece la prensa clandestina, que en aquella época era muy abundante. La prensa clandestina consistía en dos o tres hojas ciclostiladas que muchas veces, al gastarse la tinta del ciclostil, casi no se podían leer. Había muchas faltas y estaban cosidas con grapa, de cualquier manera. Se repartían clandestinamente. Entre estas publicaciones puedo citar: *Luchas Obreras* (Boletín informativo de CC.OO de Catalunya), *Barris en Lluita*, *Company* (Òrgan del Comitè Local de Barcelona del Moviment Socialista de Catalunya), *Acción* (Órgano de coordinación de sectores de CC.OO de Barcelona) y FIOP

(Full d'Informació i Orientació Política). El texto de estas publicaciones, si lo vemos ahora, pone los pelos de punta. Eran textos muy apretados, sembrados de eslóganes y de muchos signos de admiración: «¡¡¡¡¡No puede ser!!!!!», por ejemplo. Algunas incluían dibujos humorísticos, pero muy inocentes: un obrerete airado o un capitalista con puro y chistera. Esto no amenizaba una lectura que era generalmente bastante plúmbea. Por ejemplo, *Luchas Obreras* daba una completa información sobre las actividades de la lucha del sector obrero: «Siemens, dos horas de paro. Pirelli, cuatro horas de paro. Hispano Suiza, paro el día 11. Elsa, concentración en la puerta y manifestación a la salida. Talleres Serra, una hora de paro. SAF, asamblea en el comedor. Padrós, asamblea y paro.» Y así páginas y páginas y páginas.

Otras revistas se perdían en complicadísimas discusiones ideológicas de detalle y otras dedicaban el espacio a explicar el organigrama de la lucha. Por ejemplo, les voy a leer un fragmento de *Barris en Lluita*, aparecido en noviembre de 1973, que dice así: «*En resum i de manera esquemàtica, podem plantejar que existeixen, doncs, les següents necessitats organitzatives, d'acord amb les principals funcions a realitzar: 1) associacions de veïns i equivalents com a suports de la lluita de masses i de cara a l'estructuració d'una futura organització de masses; 2) comissions de barri, garantia d'orientació i d'autonomia organitzativa popular, però les seccions de masses dutes a través o no de les associacions de veïns; 3) organització de la lluita democràtica pro Assemblea de Catalunya, encarregada d'activar les tasques de l'alternativa democràtica; 4) nuclis del moviment d'alliberament popular nacional i de classe als barris, per tal d'orientar la lluita en perspectiva estratègica. En pròxims números aclarirem la funció d'altres formes d'organització, com comitès de solidaritat, assemblees democràtiques..., i els diferents lligams i interrelacions existents entre les diverses formes i nivells d'organització»* [En resumen y de forma esquemática, podemos plantear que existen, pues, las siguientes necesidades organizativas, de acuerdo con las principales funciones a realizar: 1) asociaciones de vecinos y equivalentes como soportes de la lucha de masas y de cara a la estructuración de una futura organización de masas; 2) comisiones de barrio, garantía de orientación y de autonomía organizativa popular, pero las secciones de masas llevadas a través o no de las asociaciones de vecinos; 3) organización de la lucha democrática pro Asamblea de Cataluña, encargada de activar las labores de la alternativa democrática; 4) núcleos del movimiento de liberación popular nacional y de clase en los barrios, para orientar la lucha en perspectiva estratégica. En próximos números aclararemos la función de otras formas de organización, como comités de solidaridad, asambleas democráticas..., y los diferentes lazos e interrelaciones existentes entre las diversas formas y niveles de organización].

No he leído esta cita para amenizar la charla a costa del movimiento obrero. En aquella época las cosas no eran de risa: todavía se hacían consejos de guerra. En aquel momento había varios consejos de guerra en

153

marcha contra obreros de la térmica de San Andrés, acusados de militar en la organización USO. Uno de los obreros, aparte del que había muerto a tiros, había muerto durante su detención: Cipriano Marcos, probablemente a consecuencia de la tortura. El TOP, el Tribunal de Orden Público, no paraba y había varios juicios contra abogados laboralistas y contra algunos militantes antifranquistas, uno de los cuales, Salvador Puig Antich, sería condenado a muerte y ejecutado unos meses más tarde. He leído esta cita porque creía entonces que el movimiento obrero, en general la lucha contra el franquismo, estuvo dirigida por unos individuos, encuadrados en partidos políticos, en el PSUC, en Bandera Roja o en organizaciones similares, que hicieron una labor meritoria, pero que tenían una mentalidad y un talante un poco estrecho, sórdido y funcionarial. No tenían proyecto político que ofrecer. Creo que consiguieron desalentar, en buena medida, lo que habría podido ser un movimiento más vivo y más interesante. Muchas de estas personas luego se reciclaron y han ocupado cargos en el mundo de la política, de la cultura y de la universidad con el mismo espíritu estrecho, zafio y funcionarial. Creo que conviene recordar aquella época y hacer un balance, ahora que han transcurrido tantos años, un poco menos triunfalista del que normalmente se suele hacer.

Me fui por todas las razones que he dicho. No quiero decir que alguien o algo me obligara a irme. Es posible que en la decisión hubiera también una buena parte de egoísmo y de frivolidad. Me fui con más rabia que pena. Pasé dos años sin volver y cuando volví todo había cambiado. Recuerdo mi enorme sorpresa al aterrizar en Barajas y ver que ya no estaba la foto de Franco. Nunca me había fijado que estuviera la foto de Franco, porque era una cosa muy normal. Pero sí me di cuenta de que ya no estaba y la circunstancia me emocionó. Encontré Barcelona tremendamente cambiada. El cambio me inspiró la creación del personaje que aparece en *El misterio de la cripta embrujada* o en *El laberinto de las aceitunas*, y que ahora está en el manicomio esperando una oportunidad para salir. Estos dos libros los escribí a raíz de dos estancias largas en Barcelona mientras aún vivía en Nueva York. El personaje era alguien que había estado encerrado mucho tiempo y que cuando regresa a la ciudad ya no sabe si el loco es él o son los otros.

Pero para que eso suceda todavía ha de transcurrir un periodo de tiempo largo o corto, según como se mire; de momento, todavía estamos al pie de la escalerilla del avión, en el Prat, una mañana de diciembre de 1973, en un día claro, azul y de temperatura suave, como suelen ser los días en Barcelona en esas fechas. Y en el avión está ya mi maleta, o mis maletas. Me voy por tiempo indefinido, lo que no significa que me voy para siempre, sino que no sé cuándo volveré. Estoy cambiando de residencia, pero no me llevo los muebles, ni los enseres del hogar, ni siquiera los pocos libros que forman mi biblioteca. Me voy con lo puesto y pienso que allí donde vaya repondré mi hogar, en todos los sentidos. En Barcelona dejo familia y amigos, pero nada más. Sé que no sentiré nostalgia de la ciudad, o muy poca y muy superficial (un olor, un sabor), y en el momento en que el avión despega, a pesar de la sensación de congoja que siempre produce la incertidumbre de lo que nos espera, no me pregunto por qué me estoy yendo, sino por qué no me he ido antes. No digo que Barcelona no fuera entonces una ciudad acogedora. Tal vez fui yo el que no se dejó acoger. Pero ahora, recordando aquellos años, pienso que hice bien en irme, y que fue una gran suerte para mí el que se me presentara la oportunidad de hacerlo en condiciones favorables. También pienso que hice bien regresando cuando regresé, y que volví a tener suerte con las circunstancias que me recibieron a la vuelta. Pero sigo pensando que si las cosas volvieran a ser como eran entonces, o parecidas en algún sentido, me volvería a marchar. En realidad pienso que, en el fondo, nunca he acabado de deshacer las maletas.

(5 de diciembre de 1996)

Ana María Matute (Barcelona, 1926)

La noche de «Primera memoria»

La noche del 6 de enero de 1959 tenía treinta y dos años y el asunto que la había llevado hasta el gran salón iluminado y expectante del hotel era una novela. Respiraba hondo y se reafirmaba: «He escrito y seguiré escribiendo novelas desagradables para los paladares burgueses y esteticistas.» Primera memoria estaba a punto de ganar el Premio Nadal.

Ana María Matute es la dueña de uno de los mundos más singulares de nuestra literatura. Ha escrito novelas absolutamente fascinantes; novelas para adultos y para jóvenes, si es que esa distinción canónica tiene en su caso algún sentido. Su última obra, **Olvidado Rey Gudú**, *es una de las fantasías más realistas –si me permite la autora tal paradoja– que se hayan escrito nunca en castellano. En el año 1959, la escritora ganó el Premio Nadal con* **Primera memoria.** *La memoria de aquel premio y la memoria de la Barcelona literaria de entonces es el objetivo.*

Buenas tardes:

Yo cuento cosas, que es diferente. Las conferencias son muy solemnes y a mí no me van. Mi oficio es escribir. Hablo muy mal y cuando era niña era tartamuda y tenía problemas. Voy a contar la noche del Nadal, pero no sólo eso. También voy a contarles lo que llevaba dentro. La ciudad que yo llevaba dentro y la que a partir de esa noche empezó. La vida, uno lo aprende, sólo es un abrir y cerrar de puertas.

Barcelona, antes de la guerra, era una ciudad luminosa, alegre, viva de sol. La Horchatería Valenciana, por ejemplo, donde me llevaba mi padre. Nunca jamás en mi vida he vuelto a tomar un helado como el arlequín de la Horchatería Valenciana de Barcelona. Era el sabor de la infancia, el primer sabor.

El olfato era el de aquel antiguo Turó Park. De aquel antiguo y no del que vino después. El olor de la arena, cuando me caía: siempre he sido muy torpe y siempre me he caído sin acertar a poner las manos. Aquel sol, aquella vida extraordinaria, aquella alegría. Mis padres, claro, eran jóvenes también.

Luego vino una Barcelona tremenda, la Barcelona de la guerra. Pero, durante aquel tiempo –esto lo he contado muchas veces–, los niños que habíamos sido privilegiados y vivíamos en un mundo burgués, abrigado, confortable, descubrimos que la vida no era como nos la habían contado. Entonces Barcelona fue diferente y fue terrible.

Pero yo aprendí mucho. Aprendí lo que eran las colas y que el pan se pagaba. Quiero decir que aprendí que el pan no se regalaba y que había que aguardar para obtenerlo. Aprendimos que había gente cruel y bombardeos y que el mundo no era hermoso.

Esa Barcelona pasó y luego llegó la Barcelona de la que no voy a hablar mal. La Barcelona de mi adolescencia, de mi primera juventud. Fue una Barcelona aplastada, agrisada, llena de socavones, encarcelamientos, amordazada y triste. Y sin embargo, curiosamente, en medio de esa Barcelona, tremenda como toda España, yo encontré por primera vez la libertad. Empecé a ser joven, a pensar por mí misma.

Primero llevé una etapa de niña pija, lo siento.

Pero en cuanto sobrepasé la época pija, aquella de las Granjas Catalanas, de las puestas de largo, de todas esas cosas, me di cuenta de que la vida era otra cosa, que a mí no me iba eso. Yo escribía desde muy pequeña, quería ser escritora y empecé a encontrar gente como yo, muchachos como yo, que pensaban como yo, que sentían como yo. Entonces conocí otra Barcelona, y a mí, a pesar de toda esa grisura y toda esa tristeza y toda la mordaza, se me abrió otra Barcelona diferente.

Porque yo fui una chica mala, muy mala. Me escapé de casa, me fui con mis amigos que eran unos pillos, como yo, y bajamos, descendimos desde las alturas de la ciudad alta a la ciudad baja. Éramos malísimos, malísimos. Éramos tan malos que no teníamos un duro y nos lo gastábamos todo en vermut barato. Éramos malísimos. Entoces íbamos al barrio chino. Entrábamos, salíamos, íbamos con mis hermanos, porque yo salía con mis hermanos. Siempre la única chica, esto sí lo tengo que decir con gran dolor.

Comprendíamos lo que era la picaresca, la pobreza y la alegría dentro de la tristeza más grande. Yo me acuerdo de aquellas noches del barrio chino, aquellas noches de aquel bar que se llamaba Pastís donde había un hombre. Era un catalán que había ido a Marsella y había vuelto y había puesto su bar allí. Una cosa insólita en aquel tiempo. Su mujer, que se llamaba Carmen y era muy bruta, me tenía un especial cariño. Cuando yo entraba me ponía siempre un disco que se llamaba «Petit garçon perdu». Aún hoy, cuando la oigo, me dan ganas de llorar.

Vivíamos una especie de bohemia. No digo bohemia porque la palabra no me gusta. A mí la bohemia no me gusta. La bohemia es cutre y es maligna. A mí me gusta una cierta despreocupación, pero también una solidaridad y una generosidad de vivir.

Fijaos: en aquella Barcelona triste yo vi la Pedrera como la veo ahora. Yo vi aquel puerto brillante y hermoso como un amanecer. Yo vi las Ramblas, aquellas Ramblas que decían que eran tan tristes, tan siniestras, tan llenas de dolor: y las recuerdo como el gran perfume de mi vida.

Cuando volvíamos bastante cargaditos de copas (bueno, yo siempre he resistido mucho), subíamos por aquella Rambla desde el mar. Recuerdo que en las esquinas, ya de madrugada, había unos grandes cestos llenos de naranjas y unas personas que las vendían. A esa hora llegaban también los camiones con las primeras flores para los puestos. Todo el aire se llenaba de aquello. Para mí era una Barcelona maravillosa, preciosa, llena de sensaciones, llena de descubrimientos, llena de vida.

Luego me casé. Lo estropeé un poco y tuve un hijo y mi vida se llenó de amor. Yo he tenido a mi hijo en las rodillas escribiendo a máquina y metiendo las manitas dentro de la máquina. Poco después gané el premio Nadal. En este premio, como en mi propia actividad literaria, fue importante Carmen Laforet, que había ganado con anterioridad otro Nadal, y siempre me ha parecido que fue una de las escritoras, la primera de la posguera, que nos animó a escribir, a publicar. Ella nos enseñó que se podía escribir de otra manera y no con aquellos triunfalismos y aquellas cosas. Una mujer podía publicar y ganar un premio. Esto ayudaba mucho. Yo siempre la admiré y la aprecié mucho. Y la sigo apreciando y la sigo admirando.

Yo había enviado ya otra novela al premio, que no era *Primera memoria*, y había quedado finalista, y eso me parecía muy bien. Pero esta vez lo gané y me acuerdo que aquella noche fue espléndida. Fue una noche tan espléndida que casi no me acuerdo de nada porque me aturullaron, me mojaron, me atosigaron y me hicieron decir muchas cosas. Los premios en aquella época eran una forma de darte a conocer. Ni los premios ni nada relacionado con el mundo editorial eran como ahora. En cualquier caso, aquella noche me di cuenta de algo: ahora, pensé, se está cerrando una puerta.

Primera memoria, algunos de cuyos fragmentos me tachó la censura, como sucedía entonces con casi todas las novelas de la época (la censura me prohibió a mí *Luciérnagas*, una novela entera), no tiene nada que ver con mi vida real. Yo nunca he escrito ninguna novela autobiográfica. Pero quiera yo o no quiera, me lo proponga o no, yo estoy dentro de todos mis libros, aunque la situación de Matia, la protagonista del libro, y sus circunstancias familiares, personales, no tengan nada que ver con las mías. Pobre Matia... La educación, por llamarla de alguna manera, que le dan a la niña no le permite ser más que un fiel corderito de la abuela. A pesar de toda su rebeldía, a pesar de todas sus ansias, no deja de ser, al final, más que una pobre charlatana que a la hora de demostrar quién es no puede, no sabe, tiene miedo. Por eso, en el tercer volumen, en *La trampa*, sale esa mujer frustrada que es Matia, ya con cuarenta años y un hijo, sabiendo y siempre teniendo en su conciencia esa traición. No la que le hizo a Manuel, sino la que se hizo a sí misma.

Hay cosas en Matia que sí, en efecto, son mías. Porque yo estoy dentro de ese libro y porque ese personaje, para mí, es el personaje de una muchacha adolescente en la cual yo he podido poner algunas de las cosas que realmente eran muy mías.

Por ejemplo, el malestar en la vida, el desconcierto ante el mundo de las personas mayores, esa angustia de la adolescencia. Matia dice en algún momento: «¿Pero qué clase de monstruo soy, que ya no soy una niña, pero no soy una mujer?» Ese mundo de la adolescencia, tan frágil, tan tierno y tan terrible, tan tremendo. Yo he dicho muchas veces y lo he repetido y lo voy a volver a repetir, que los adolescentes, todos, tienen cara de náufrago. Porque es como si acabaran de abandonar la isla. Esa isla que es la infancia, que es un mundo total y cerrado. Son expulsados de ahí y tienen que ir a nado hasta el continente. Y el continente es una playa con una selva detrás, y hay que ir nadando con miedo hasta llegar allí y no se sabe bien lo que se va a encontrar detrás de la selva. A lo mejor hay caníbales. Sí, hay muchos caníbales, sí.

Luego está la tristeza de la mayoría de los adolescentes al abandonar la infancia. Aunque tengan muchas ganas de ser personas mayores o digan que tienen ganas. El día en que tú te das cuenta de que ya no eres un niño o una niña hay algo que no es tristeza, sino una melancolía, que es la forma más dulce y más poética de la tristeza. Yo soy escritora porque me temo que no pasé de los doce años. Ya se puede suponer cuánto me interesa la infancia. La infancia es lo único que tenemos, lo único de lo que podemos estar seguros que tenemos. La infancia es algo muy importante en la vida de todos nosotros. ¿Quién puede decir que se ha podido desprender del niño que fue? Yo creo que nadie o casi nadie. Solamente aquellos que no han sido niños nunca, que los hay, que yo los he conocido. O esos que han tenido un niño de los que a mí no me sirven. Niños de esos a los que les ves en los ojos lo que te van a vender. Esos niños no me sirven, no son niños tampoco. Pero para mí, el niño que fuimos lo llevamos siempre dentro y hay que saber encontrarlo, hay que saber recordarlo y revivirlo. Es un buen ejercicio. Escribir es una forma de protesta. Yo escribo para que me lean, yo escribo para comunicar, para explicar, para preguntar, para protestar. Yo soy muy bruta. A mí no me afecta nada. Ni modas, ni modos, ni costumbres, ni que esto sea lo que se hace ahora. Yo escribo como a mí me gusta, y así lo he hecho siempre. Siempre he sido una mujer un poco aparte. Nunca he pertenecido a escuelas ni a tendencias. Yo he sido siempre la Matute.

    La vida es importante, aunque para mí la literatura es una prolongación de la vida. Es otra fase de la vida. No la puedo desgajar de mi vida. En *Primera memoria* hay una gran protesta y una gran pregunta como en casi todas las obras literarias mías. La pregunta, ya lo he advertido antes, es sobre el malestar del mundo, sobre el porqué del malestar del mundo.

Cuando se abandona la infancia viene el contacto con el mundo perfectamente incomprensible de las personas mayores. El mundo donde todo es despropósito, todo es ilógico, todo es contradictorio, todo es agresivo, y donde todo, todo, es incomprensible. Cuando eres adolescente no acabas de entender nunca por qué las personas mayores se portan como se portan, hacen las cosas que hacen y dicen las cosas que dicen. No lo entiendes y esa incomprensión ante el mundo, ese estupor, ese asombro ante el mundo que hay en *Primera memoria*, ése sí es profundamente mío.

Yo tengo que confesar una cosa, ya que estamos en plan confesiones. Yo he sufrido mucho en la vida. Aunque he sufrido como sufre todo el mundo: no me voy a poner medallas al sufrimiento como si fuera yo un general soviético. He sufrido mucho, pero todo el mundo sufre, y probablemente haya gente que haya sufrido mucho más que yo. Pero también lo he pasado muy bien. Nadie me quitará los momentos de felicidad, de intensidad y de placer que he pasado en mi vida. Por lo tanto, eso que llaman decepción ante el mundo, desengaño ante el mundo, no lo tengo.

Yo no estoy decepcionada del mundo. Yo sigo siendo una mujer asombrada. No acabo de entender las cosas que pasan a mi alrededor. No acabo de comprender por qué ocurren las cosas que ocurren. Todo podría ser más sencillo. Más sencillo y más verdadero. Aunque probablemente estoy equivocada.

Era el año 59 y empezaban los sesenta, lo que algunos han llamado la década prodigiosa. Realmente Barcelona cambió. Barcelona despertaba, se unía, ganaba. Barcelona ha tenido la suerte de haber estado mucho más cerca de Francia que de Navalcarnero. Esto era un pulmón, algo muy bonito, muy hermoso, muy grande.

Pero mi vida se había cerrado.

Mi vida anterior, mi Barcelona, se había cerrado. Entonces aún conocí otra ciudad donde la gente se movía, se revolvía, hablaba en voz alta, gritaba, iba a la huelga. ¡Qué bonita era también aquella Barcelona! Pero ya era una Barcelona adulta y a mí la palabra adulta no me gusta: me recuerda la palabra adúltero.

Perdónenme, pero yo si no hago una broma de cuando en cuando... No me gusta tomarme en serio, no hay que tomarse demasiado en serio. Porque cuando nos tomamos a nosotros demasiado en serio no tomamos en serio a los demás y eso es muy grave. Quiero volver a la Barcelona triste, donde yo conocí el amor y conocí la esperanza y donde lo creí todo. No sabía nada, pero lo creí todo. Cuando uno está enamorado y siente el amor dentro de sí, la ciudad también te ama, la ciudad es distinta, es más grande, es más bella, es generosa, está más perfumada. Está llena de amor, y ésa fue la otra Barcelona que yo conocí. Sin embargo, aquella ciudad restringida, oscura, triste, casi sin luz, donde yo bajaba con mis amigos adolescentes, donde hablábamos del mundo, donde hablábamos, sobre todo, de política, de poesía, de novela, donde nos pasábamos los libros unos a otros, donde en una calle, no me acuerdo de cuál, había una librería con sótano donde un señor vendía libros importados de Francia a unos precios tremendos, que nos dejaban endeudados para todo el mes; aquella Barcelona de mis ilusiones y de mis esperanzas, aquella Barcelona donde yo conocí, por primera vez, los barrios corruptos, los barrios malvados, era la Barcelona de mi inocencia. Porque yo era inocente, muy inocente.

(19 de diciembre de 1996)

Mario Vargas Llosa (Arequipa, 1936)

El día que me instalé en Sarrià

En el 68, Mario Vargas Llosa estaba instalado en Sarrià. En la calle Osi, concretamente. Trabajaba como un poseso. No se trataba demasiado con los vecinos. Pero nunca conoció una Barcelona más viva y fuerte que aquélla.

Mario Vargas Llosa es uno de los grandes escritores en lengua castellana del siglo. Esta circunstancia empezó a conocerse de manera pública a partir de que empezara a vivir en un barrio agradable y tranquilo de la Barcelona del principio de los setenta.

Buenas tardes:

He aceptado con mucho gusto participar en este ciclo. Lo he hecho por el gran cariño que me une a esta ciudad y con mucha nostalgia. Las cosas que me ocurrieron, que yo viví, que compartí con otros, de la vida de esta ciudad, son cosas muy antiguas, por lo menos para dos generaciones de barceloneses.

Como todos los testimonios, el mío va a ser muy subjetivo. Mi propia experiencia enmarca la visión de Barcelona dentro de unos límites. Digo esto porque hace algunos años leí un libro de un escritor nacido en Zaragoza, que casi coincidió conmigo durante los años en que yo viví en Barcelona, que fueron a comienzos de los años setenta, y me quedé muy sorprendido. Hablo de Federico Jiménez Losantos, y de una revisión de un libro suyo que se llama *Lo que queda de España*. En un largo prólogo cuenta su experiencia de

Barcelona, ciudad a la que llegó con otros jóvenes españoles. Él, desde Zaragoza, y otros, de otras regiones de España, atraídos por el enorme imán, sobre todo sociocultural, que representó la Barcelona de esos años. Él cuenta su experiencia, una experiencia muy diferente, en realidad, a la que yo tuve de Barcelona. Él habla de la formación de unos grupos radicales revolucionarios –como grupos maoístas–, de un movimiento de jóvenes homosexuales en defensa de su particularidad sexual, de un grupo experimental de teatro, de una catacumba, en fin, con la que yo no tuve jamás ningún contacto.

Había, así, en aquella Barcelona, muchos grupos diferentes que vivían experiencias intensas, ricas, que su memoria preservaría con gran vivacidad y con mucha nostalgia. Que no coincidían en nada pero que representaban, justamente, una de las características de esa ciudad múltiple, rica, diversa, polifacética, que fue la Barcelona que yo conocí.

Como se sabe, uno tiene con las ciudades las mismas relaciones que con las personas. Muy difíciles de aclarar, determinadas por las circunstancias, por el azar, o por fuerzas misteriosas que podemos llamar mágicas o trascendentes, pero que la razón no alcanza siempre a explicar. Ésta es la relación que yo tuve con Barcelona. Una ciudad que conocí en el verano de 1958 cuando vine a España con una beca de la Universidad de San Carlos de Lima, donde había terminado mis estudios, para hacer un doctorado en la Complutense de Madrid. El barco que me trajo terminó la travesía en Barcelona y estuve aquí apenas dos días antes de seguir viaje a Madrid. Pero recuerdo que esas cuarenta y ocho horas que pasé en una pensión del barrio gótico me enamoraron de la ciudad. Yo ya traía de la ciudad una cierta imagen político-literaria de un libro de Georges Orwell que a mí me había impresionado mucho, *Homenaje a Cataluña*, donde cuenta su experiencia en las milicias del POUM durante la guerra civil. Recuerdo que el libro de Orwell fue, de alguna manera, la guía que tuve para conocer, aunque fuera en una primera y rápida impresión, esta ciudad. Mi recorrido de las Ramblas, por ejemplo, se hizo bajo el recuerdo de las imágenes de esa Barcelona turbulenta que se resistía al avance de los nacionales y donde comunistas y anarquistas y trotskistas se agarraban a balazos en el centro de la ciudad.

En el año y medio que viví en Madrid tuve siempre a Barcelona muy presente. Había en esa época una imagen, creo que bastante extendida, que veía en Barcelona algo así como la antípoda de Madrid, tanto desde el punto de vista cultural como desde el punto de vista político. Madrid parecía, entonces, una ciudad muy provinciana, encerrada sobre sí misma, muy desinformada de lo que ocurría fuera de las fronteras de España en el campo de la cultura. En la propia universidad, que se suponía era una institución cultural a la vanguardia del resto de la sociedad, había un desconocimiento muy real de lo que ocurría en Francia. En la Lima remota estábamos más informados. Barcelona, por contraste con ese mundillo pequeñito, cerrado, provinciano y culturalmente ensimismado de Madrid, era una ciudad muchísimo más moderna, más porosa a lo que ocurría en el resto del mundo en las artes, el pensamiento, la literatura. Y también, sobre todo, desde el punto de vista político, Barcelona era una ciudad profundamente más antifranquista que Madrid. Aunque en Madrid hubiera opositores, opositores heroicos al franquismo, la dictadura tenía un arraigo claro en la ciudad. Se tenía la idea de que Barcelona, por el contrario, era la personificación de la resistencia a la dictadura y una capital para la futura democracia. El compromiso con la modernidad también se representaba en el campo de la cultura.

Quizá había mucho de estereotipado en esta creencia, aunque, como ocurre también con todos los estereotipos, también habría un cierto grado de verdad. Mi cariño, mi flechazo sentimental con Barcelona, fue recompensado en esos años que yo estuve en Madrid, porque gané un premio de una pequeña editorial barcelonesa nacida por el entusiasmo literario de un grupo de médicos de la ciudad. Una editorial que ya no existe, que se llamaba Rocas y que organizaba un concurso de cuentos en homenaje a Leopoldo Alas. Este grupo de médicos tenía como animador y mentor intelectual a un poeta, periodista y editor con el que desde entonces conservo una buena amistad, que es Enrique Badosa. Para mi gran alegría, en el año 1958 gané ese concurso y gracias a él volví a Barcelona y tuve ocasión de conocer alguna gente. Enrique Badosa fue el primero de muchos otros escritores, barceloneses o avecindados en Barcelona, con los que entablaría amistad.

En Barcelona tuve también la inmensa alegría de ver publicado mi primer libro, gracias a ese premio. *Los jefes*, le puse de título. Es un libro que pasó más bien inadvertido pese a haber sido premiado. Recuerdo que hubo cinco críticas, y aunque he olvidado casi todo lo que los críticos han dicho de mis libros después de leerlos, siempre recuerdo aquella crítica, muy hostil, creo que la única de esas cinco que apareció en alguna revista o periódico de Barcelona, por lo inesperado del reproche que se me hacía en el texto. Decía que el libro estaba mal escrito y que se utilizaban algunas expresiones que eran absolutamente inaceptables. Daba como ejemplo la palabra *manija* y decía que era inaceptable hablar de manijas en lugar de hablar de fallebas. Yo en mi vida había oído la palabra falleba y se me ha quedado dando vueltas esa extraña palabra, esa exótica palabra falleba.

Luego, en los años sesenta viví en París, adonde me había mudado tras terminar mis estudios en Madrid y donde trabajaba como periodista. Terminé una novela. Estaba seguro de que no se podría publicar nunca en España y por eso mis intentos de encontrar un editor no se dirigieron a la ciudad de Barcelona en un primer momento. Lo intenté en París, donde había una editorial en lengua española, y lo intenté en Argentina. Un profesor de literatura, un hispanista francés y amigo mío, Claude Couffon, me sugirió un día que la enviara a Seix Barral. Yo tenía muchas dudas de que pudiera pasar la censura, que todavía era muy fuerte en España, pero él me aseguró que no. Y que en cualquier caso, Carlos Barral, al que conocía y de quien era amigo, alguna vez, con algún libro que no pudo pasar la censura, había utilizado el sistema de publicarlo en México. Si le gustaba mi novela podía tal vez editarla allí. Así que le envié a Barral, en buena hora, el manuscrito de *La ciudad y los perros*. Barral leyó el manuscrito y le gustó mucho. Me buscó en un viaje que hizo a París y desde entonces establecí una relación, inolvidable por muchas razones, con una figura que para mí está asociada de una manera emblemática a mi experiencia de la Barcelona de los años sesenta y de los años setenta. Una persona que como poeta, como editor, como aglutinante y promotor cultural, marcó esas dos décadas. Yo considero como un gran privilegio de mi vida haber disfrutado de su amistad y haber vivido de cerca su riquísima personalidad.

Si tuviera que elegir una época para revivir de principio a fin, sería la de esos años barceloneses de comienzos de los setenta. Yo viví primero en la Vía Augusta y después viví en la calle Ocio, en el barrio de Sarrià, que es donde pasé la mayor parte de esos cinco años. Un barrio que en esa época no estaba del todo integrado a Barcelona. Todavía uno de los encantos que tenía Sarrià era que había una vida de pueblo allí. Uno podía, caminando por el barrio, llegar hasta la pastelería de Foix, por ejemplo, y ver al gran poeta allí, detrás de su mostrador. Todavía eso era posible. García Márquez vivía en la esquina de mi casa donde se juntan la calle Ocio y la calle Caponata. Yo trabajaba con un régimen muy disciplinado, como he trabajado siempre. Trabajaba en la casa mañana y tarde, pero salía todas las noches. En Barcelona se hacía una vida muy intensa de café. Y frecuentaba también los restaurantes: La Puñalada, el Amaya y un pequeño restaurante de Sarrià, que se llamaba La Font dels Ocellets, del que yo tengo muy buenos recuerdos.

Mis hijos fueron primero, eran muy chiquititos, a un parvulario, al parvulario Pedralbes, que no sé si todavía existe, con las dos señoras que llevaban el parvulario, con quienes mi mujer y yo hicimos muy buena amistad. Después fueron al Liceo francés, que estaba muy cerca de la casa y al que podían ir andando. Sus amigos del barrio hablaban catalán y pronto aprendieron a hablar catalán y hasta descubrimos un día que mis hijos jugaban entre ellos en catalán. Aquí nació mi hija Morgana. Nació en la clínica Dexeus, y yo tuve la suerte, algo que había querido hacer con mis dos primeros hijos pero que no me permitieron en Lima, de ver nacer a mi hija. El doctor Dexeus me lo permitió. Tengo de eso una anécdota muy divertida. Cuando nació Morgana fui a inscribirla a Sarrià y tuve un pequeño problema porque no me la quisieron inscribir con el nombre de Morgana. Me dijeron: «Morgana no, vamos a ponerle Montserrat Morgana.» Transigimos por Ximena Morgana. La vida en esos años fue una vida de mucho trabajo pero de mucha amistad también, de muchas reuniones. En todas ellas, José María Castellet actuaba como nuestro ideólogo, era el que nos orientaba políticamente, y el que nos decía qué era correcto y qué era incorrecto.

Las cosas han cambiado tanto en Barcelona, en España, las transformaciones que ha experimentado la sociedad española en estos últimos veinte, veinticinco años, han sido tan extraordinarias, que a muchos les parecerá una irrealidad la evocación que yo hago de la ciudad de esos años. Pero no creo, aunque los recuerdos le traicionan mucho a uno y la memoria tiende a idealizar, sublimar, a eliminar lo malo e intensificar lo bueno, no creo que a pesar de esta manipulación que ejercita la memoria sobre lo vivido, mis recuerdos sean muy distintos de la realidad. Creo que esos años fueron extraordinarios por muchas razones. Pero quizás la principal razón, la primordial, fue la importancia que llegó a tener la cultura para el común de las gentes.

Eran los años finales de la dictadura. Desde luego que desde el punto de vista político la dictadura todavía daba coletazos, y a veces coletazos bastante brutales. Los últimos fusilamientos se produjeron a mediados de los setenta. Pero en muchos sentidos era ya una dictadura blanda, una dictadura que se desmoronaba, que hacía aguas por muchísimos huecos, de la que todo el mundo, y los propios hombres fuertes del régimen incluidos, advertían que tenía los días contados. Había algunos sectores, algunos campos, algunas esferas de la actividad en los que la apertura ya era bastante grande. Sobre todo en el campo cultural. La censura comenzó a relajarse. Había muchos editores como el propio Barral que aparentaban, digamos, respetar la censura y que en la práctica no la respetaban. Recuerdo que en la segunda edición que se hizo de *La ciudad y los perros* Barral repuso todas las frases que había cortado la censura. Ésta era una práctica bastante generalizada entre los editores y si la censura lo advertía se hacía como si no y se miraba para otro lado.

La rigidez tremenda de los años cincuenta o de los años sesenta ya no podía hacer frente a las múltiples presiones hacia la modernización, hacia la democratización que vivía España. Al mismo tiempo, la cierta flexibilización de la vida cultural permitía que se publicaran cosas que antes no se publicaban y permitía también un comercio muy intenso de libros prohibidos que venían del extranjero y que se podían comprar en las Ramblas. En las Ramblas, donde estaban los libros que se exhibían y los libros que no se exhibían, los que se vendían bajo cuerda, la vida cultural presentaba unas características muy especiales y enormemente atractivas. La cultura parecía, y no sólo para los hombres de cultura, algo importante. Una actividad, y todo el mundo parecía estar convencido, que iba a ser una herramienta fundamental de los cambios, el gran instrumento para la transformación de esa sociedad y su conversión en una más libre y más justa, tras el desplome final de la dictadura. Creo que ésa era una convicción generalizada.

Además se vivía, al mismo tiempo, una ilusión. El antifranquismo, la actitud crítica hacia el régimen, creaba una homogeneidad política muy amplia, que en realidad era bastante irreal, como empezó a descubrirse muy pronto. Pero en un momento dado se vivió algo que era bastante excepcional: la idea de estar en la verdad y en la justicia y compartiendo con muchos otros, con un sector creciente de personas, esta creencia.

La ilusión se quebró a los dos años de estar yo aquí con la primera escisión que vivió el grupo intelectual que hasta entonces se había mantenido muy unido y en el que participaban tanto latinoamericanos como catalanes y españoles en general. Fue el famoso «caso Padilla», que también hoy en día parece un hecho prehistórico, pero que en esos años se vivió con una enorme excitación y una división, en el medio intelectual y democrático, muy amplia. El famoso manifiesto, digo famoso por los efectos y las polémicas que generó, de protesta por lo ocurrido con Padilla, se redactó en Barcelona, en una reunión de la que yo participé y en la que estaban José María Castellet, Hans Magnus Enzensberger, Carlos Barral, Juan y Luis Goytisolo y alguien más que no recuerdo. Las primeras firmas se recogieron aquí en Barcelona y recuerdo que un amigo mío, en medio de la polémica, siempre decía: «Es la primera vez que un manifiesto firmado por Sartre, Moravia y Susan Sontag no se redacta en París sino en Barcelona.» Lo decía con muchísimo orgullo, pero en esa jactancia había una verdad: la ciudad era en esos años un foco cultural que trascendía largamente las fronteras españolas. No sólo porque venían muchos europeos, escritores e intelectuales europeos, y ésta era su puerta de entrada hacia España, sino porque Barcelona se convirtió, en esos años, en la capital de la cultura o por lo menos de la literatura latinoamericana. Y creo que no exagero nada cuando digo esto.

Hay otra palabra que ya resulta prehistórica, que es la del *boom*. Pero en los años setenta y en los años ochenta fue una palabra muy refinada. Boom, una palabra que no quiere decir nada, un ruido sin significado, fue una expresión que inventó alguien para describir a la nueva literatura latinoamericana o a la literatura latinoamericana que Europa descubría a partir, fundamentalmente, de lo que ocurrió con una serie de escritores latinoamericanos. Sobre todo, por el lanzamiento que hizo de ellos Seix Barral y que luego hicieron otros editores al ver lo bien que habían resultado esa promoción y ese lanzamiento. El boom tuvo un enorme éxito primero en España y luego en América Latina, una América Latina que descubrió, gracias a la publicidad con que fueron lanzados esos escritores aquí, a sus propios escritores, a los que adoptó y empezó a leer de manera masiva. Luego, esos escritores empezaron a ser traducidos en Francia, en Italia, en Alemania, y surgió ese fenómeno, el boom, que duró unos veinte años, y que resultó una extraordinaria promoción para la literatura latinoamericana.

La capital del boom fue Barcelona. Aquí surgió lo que algunos llamaban una operación comercial, una conjura de editores. Otros, yo entre ellos, creemos que no hubo ninguna conjura, que fue una coalición de circunstancias múltiples la que determinó que una serie de escritores latinoamericanos alcanzaran, de pronto, gran parte de ese éxito gracias a la fe que depositó en ellos la editorial Seix Barral. Éste fue el primer vehículo que tuvo el boom para existir. Esto le dio a Barcelona un atractivo más y fue la razón por la que muchos escritores sudamericanos vinieron a la ciudad. Cuando yo conocí a García Márquez ya había terminado *Cien años de soledad*, pero no la había publicado. Su sueño era que *Cien años de soledad* apareciera en Seix Barral. Qué pasó exactamente y por qué no salió en Seix Barral es algo que no se sabe y de lo que hay versiones muy contradictorias. El hecho es que, eso sí me consta porque se lo oí decir yo mismo, García Márquez aspiraba, como muchísimos escritores hispanoamericanos, a ser publicado en la ciudad que parecía en esos momentos la ciudad ideal, desde el punto de vista literario y desde el punto de vista cultural, y a ser publicado en la editorial que representaba el prestigio literario.

García Márquez se vino a vivir a Barcelona. Se vino a vivir a Barcelona, también a comienzos de los años setenta, José Donoso, que vivía en Vallvidrera. Me vine a vivir yo y otros escritores latinoamericanos del llamado boom. No vinieron a vivir pero venían con muchísima frecuencia autores como Carlos Fuentes y como Julio Cortázar, y muchos otros escritores menos conocidos que ellos. Pero quizás lo más importante no fue el caso de esos escritores menos conocidos. Quizás lo más importante, y eso lo viví yo de muy cerca durante los cinco años en que estuve en Barcelona, fue el que los jóvenes escritores hispanoamericanos, argentinos, colombianos, peruanos, nicaragüenses, llegaran en esos años atraídos por el prestigio, por toda la mitología que había generado Barcelona. Venían aquí un poco como íbamos los de mi generación y los de generaciones anteriores a París. Con esa sensación tan ingenua de que llegar a

París, vivir en París, era un requisito imprescindible si se quería ser un escritor, un intelectual de su tiempo, moderno, que estuviese a la vanguardia de lo que se hacía en su campo específico.

En los años setenta, Barcelona llegó a ser algo semejante. Es verdad que llegaban intelectuales que eran refugiados políticos, que huían de las dictaduras militares, pero en muchos otros casos eran jóvenes que venían motu proprio y atraídos por esa fama de ciudad abierta, internacional, capaz de crear prestigio y de lanzar al resto del mundo a un escritor talentoso. Todo eso se daba en la ciudad, desde luego. Un encanto muy particular fortalecía lo que yo creo que fue siempre una vocación cultural de esta ciudad, su internacionalismo. Una vocación de abrirse al mundo y de traer el mundo a esta tierra. Hubo además en esos años, creo, un fenómeno que no se ha vuelto a repetir y que me pregunto con mucha nostalgia si volverá a repetirse. Un acercamiento muy grande entre escritores españoles y escritores hispanoamericanos. Aquí se vivió una comunicación, una amistad, una fraternidad, que yo creo que fue enormemente provechosa para unos y para otros.

Las razones por las que eso después ha desaparecido son múltiples, y yo no las veo muy claras. Son unos procesos, seguramente, incontrolables, inevitables. Pero en esos años ese acercamiento se dio y creo que quienes lo vivimos lo recordamos con una enorme nostalgia, porque fue, sin ninguna duda, un enriquecimiento recíproco. Hay muchos de esos amigos, de esos años, que a mí me gustaría mencionar, simplemente como un acto de gratitud por los buenos momentos que pasé con ellos, por lo mucho que aprendí a su lado y porque creo que una ciudad también se nutre de las figuras atractivas, creativas, humanamente enriquecedoras que la pueblan.

Algunos de esos personajes eran muy buenos escritores. A mí me gustaría citar a uno que era muy amigo de Carlos Barral y estaba muy vinculado a Seix Barral, el poeta Gabriel Ferrater. Gabriel Ferrater era una de las personas más extraordinarias que yo he conocido. Había algo genial y casi monstruoso en Gabriel por su actitud intelectual para apoderarse de un tema que le interesaba. Yo no creo exagerar si digo que cualquier asunto que era capaz de atraerlo intelectualmente, llegaba a dominarlo como un verdadero especialista. Al mismo tiempo, tenía esa frivolidad de desinteresarse con rapidez de aquello que ya conocía y pasar a otro tema. En los años en que yo le conocí él pudo ser un extraordinario conocedor del arte, que podía hablar con una solvencia y verdadera erudición de pintores, de escultores, de críticos de pintura y de teorías sobre el arte. Y luego, algún tiempo después, cuando comenzaba a estar muy de moda la lingüística, podía convertirse en un verdadero especialista en el Círculo de Praga y hablar con la misma erudición de especialista con los lingüistas más destacados de la universidad. Sabía muchas lenguas, que hablaba con un fuerte acento catalán. Decían de él, y estoy seguro de que no exageraban mucho, que después de haber leído una traducción de Gombrowicz que lo había impresionado mucho, aprendió polaco en unos meses para poder leer a Gombrowicz en su lengua original. Como ustedes saben, nosotros tenemos la fortuna de que muchos de los libros de Gombrowicz han sido traducidos del polaco, en maravillosas traducciones, por Gabriel Ferrater.

Ferrater decía que no leía nunca novelas si no le pagaban, si no hacía informes para las editoriales. Creo que se han publicado luego estos informes. Era una personalidad excéntrica y deslumbrante como estímulo intelectual y como visión de lo universal. Era un hombre que se movía y circulaba por la cultura sin fronteras, como un ciudadano del mundo.

Quisiera citar también a Jaime Gil de Biedma, otra figura un poco emblemática de esos años y a quien yo conocí por Gabriel. Jaime tenía una extraña vida esquizofrénica. Por una parte era un empresario, y creo que un empresario muy eficaz, y por otra era un poeta. Un poeta importante que tenía en ese tiempo un círculo pequeño de devotos, que luego iría creciendo hasta que después de su muerte fue reconocido como uno de los grandes poetas españoles de su tiempo. Era un personaje sumamente interesante, también muy difícil, y que cultivaba el malditismo, una actitud provocadora, enormemente irónica, una actitud no infrecuente en la época. Era una manera de preservar la integridad de ciertos intelectuales. Encerrarse en una especie de cinismo sarcástico que no permitía casi el acercamiento, hasta que uno descubría que detrás de eso había más bien una persona muy vulnerable y que estaba encerrada, confinada en un enclave que se había creado para protegerse de un ambiente cultural que consideraba profundamente corruptor. El caso de Jaime Gil creo que era el de algunos otros intelectuales españoles que a través de esa actitud, que en cierta forma era también muy autodestructiva, casi una inmolación, consiguieron mantener una integridad intelectual.

Hay otro personaje, que espero que por muchos años más siga vivo y operante, que era Manuel Vázquez Montalbán. Manuel Vázquez Montalbán era ya en esa época una industria cultural, él solo. Producía novela, producía poesía, producía ensayos sobre la informática y además, en toda revista crítica con el régimen, ahí estaba Manuel Vázquez Montalbán escribiendo artículos críticos con distintos seudónimos. Yo me jactaba de captarlo siempre, a pesar de sus seudónimos, porque infaliblemente en todos sus artículos atacaba a Henry Kissinger. Debe de haber o estoy seguro que habrá, y es muy probable que el que la haga sea un alemán, una tesis con el título «La prosa ensayística de Manuel Vázquez Montalbán y el doctor Henry Kissinger». Vázquez Montalbán era otra figura visible, importante de la Barcelona de esos años. El tipo más representativo del escritor comprometido, una figura que va siendo ya arqueológica. Hoy día, creo que ya ningún escritor se considera o quiere ser un escritor comprometido. Creo que muy pocos escritores creen que el compromiso cívico sea necesario y que a través de la literatura se pueda cambiar ética, políticamente, la sociedad. Yo no he abandonado el compromiso, pero tengo la impresión, incluso he escrito un texto poniéndole ese título, que un escritor comprometido en esta época es una especie de dinosaurio, alguien que está como fuera de su tiempo. Yo sigo muy comprometido, digamos, con el debate cívico. Ando siempre opinando, opino a veces de una manera que hace que me llamen de derechas, lo cual no me importa en absoluto. Pero esa vocación viene de mi convencimiento antiguo de que la literatura no era gratuita, de que que la literatura no era un entretenimiento, que no podía ser ni siquiera un entretenimiento superior. Que la literatura tiene que ver con la vida, y que a través de la literatura se puede, de alguna manera, influir en la vida, provocar reverberaciones en la vida. Ésa es mi idea de la literatura y la practico, pero creo que es una idea que en el momento actual es obsoleta, que no es compartida, sobre todo, por los jóvenes escritores. Creo que hoy en día, en general, el escritor no cree que el compromiso sea necesario y además lo considera inútil. Ha llegado a un convencimiento, que a veces no se hace muy explícito pero sí que creo que es muy compartido, a juzgar por lo que es la actitud de los escritores, de que una literatura comprometida no tiene posibilidad alguna de provocar cambios históricos, como se creía hace veinticinco o treinta años. De todas maneras yo sigo, digamos, comprometido, porque es mi manera de entender la literatura, porque no sabría entenderla de otro modo. Pero por lo que veo, oigo y leo a mi alrededor, ésta es una actitud hoy en día infrecuente entre los escritores. Y creo que no es España una excepción a la regla.

Hoy día todo eso parece arqueológico, pero en

esos años de los que hablo sí se participaba profundamente de esa convicción de que la literatura no podía ser gratuita, que la cultura, en general, no podía ser un entretenimiento superior, una forma muy elaborada de ejercitar la inteligencia, sino un arma. Sartre, a quien leíamos mucho en esos años, nos había hecho creer que las palabras podían ser actos, y yo creo que eso contaminaba el quehacer literario y artístico en muchos otros escritores, como es el caso de Manuel Vázquez Montalbán.

Conocía escritores catalanes. Y había un escritor catalán que yo admiraba desde que lo había leído por primera vez, que era Josep Pla. Escribía una crónica semanal en una revista que yo leía, en gran parte por la magnífica crónica que era siempre la suya, que era *Destino*. Eran unas crónicas siempre muy finas, irónicas. Lo que yo no conocí, en cambio, fue una actividad propiamente catalanista en el sentido nacionalista-político del término. Tenía amigos que eran escritores catalanes, pero el catalanismo político no lo noté. Hubo, por ejemplo, el famoso encierro, digo famoso porque se habló muchísimo de él, en el Monasterio de Pedralbes donde hubo muchísimos escritores. Yo fui, también allí, a dar una lección, pero eso no tuvo de ninguna manera un carácter de movilización catalanista. Fue, básicamente, una movilización antifranquista, pro democracia, y hasta donde yo recuerdo, era otra de las, diríamos, ilusiones que se vivían en razón de la dictadura.

El compromiso político también estaba teñido de un cierto humor. Había la posibilidad en esos años de utilizar la ironía y el humor. Creo que se podría hacer toda una conferencia sobre los humoristas de esa época, de los dibujantes y de los caricaturistas, que los había magníficos. Ésa era una dimensión complementaria a la de la literatura en la que yo creo que esos años barceloneses fueron muy creativos.

Había también, desde luego, el cine, que teníamos que ir a ver a Perpiñán y a veces a Andorra. Era una experiencia divertidísima que fortalecía la amistad porque todo eso se hacía en grupos. Uno iba a Perpiñán y a otros lugares de la frontera a ver películas prohibidas y a comprar libros prohibidos. Yo recuerdo que había una librería en Perpiñán muy divertida con un letrero en la puerta que decía: «*Ici toutes les oeuvres de Karl Marx et du Marquis de Sade*» [Aquí están todas las obras de Carlos Marx y del Marqués de Sade]. A propósito del cine y de Manuel Vázquez Montalbán, yo recuerdo un artículo suyo memorable con motivo de la película que más turismo barcelonés llevó a Perpiñán, *El último tango en París*, un artículo totalmente calumnioso para el pueblo español, que escribió Manuel Vázquez Montalbán, diciendo que desde que se había estrenado en la frontera esa película había aumentado el consumo de la mantequilla en España de una manera fundamental.

Hay un punto al que quisiera referirme, el del esnobismo y la cultura. Yo creo que entre las muchas características de esta ciudad, quizás de toda gran ciudad, aunque algunas viven esto con mucha más intensidad que otras, está que en Barcelona, yo lo viví eso muy de cerca, durante esos años, el esnobismo cultural tenía un inmenso arraigo, un inmenso atractivo. Era el esnobismo de la cultura. Probablemente en esos años esa vocación se fortaleció. Había que estar cerca de la cultura, había, de alguna manera, que participar de una actividad cultural, si se quería ser moderno, si se quería ser actual. Hay un aspecto, cándido, hasta ridículo en ese esnobismo, pero hay un aspecto que es muy indicativo de un estado de ánimo. Cuando surge un esnobismo cultural es porque de alguna manera hay el presentimiento de que la cultura es importante, de que la cultura sirve para algo. Ése es un fenómeno que me temo que ya no se vuelva a vivir.

España ha cambiado mucho, España ha pasado a ser hoy día un país moderno, una democracia creo que bastante establecida, y en las democracias modernas establecidas, por desgracia, la cultura ya no parece algo importante. La cultura se oficializa, la cultura pasa, en el mejor de los casos, a ser algo decorativo, a utilizarse políticamente, por ejemplo. Los creadores de cultura suelen aislarse, marginarse porque la propia sociedad no los considera útiles, importantes en lo fundamental. Creo que es una realidad que viven algunos de una manera más pronunciada, otros de una manera menos acusada, pero que está presente en todas las grandes sociedades democráticas modernas. Es un problema que ninguna de ellas ha sabido resolver. En los años setenta en Barcelona se vivía, al contrario, una transición. La cultura aparecía, de pronto, como la mejor manera que tenía un ser humano para organizar su vida de una manera más creativa, más ética, más libre, más democrática. Por eso, había que estar de alguna manera vinculado, cerca de la cultura, si uno no quería ser considerado un bárbaro, un reaccionario, un retrógrado, un disminuido en todos los sentidos de la palabra. El término *gauche divine* nació aquí, como todos saben, y es un término que no sé si se sigue usando. Durante esos años se usó muchísimo y sin ninguna duda creo que representaba una verdad.

En esos años también se vivieron muchas guerrillas literarias, se vivieron algunas rupturas. Desde el punto de vista político el citado caso Padilla fue el punto de partida de una división que se ha mantenido todavía entre escritores pro cubanos y escritores críticos de Fidel Castro. Una división que en España no ha sido tan acusada, tan marcada, pero que en América Latina ha sido muy radical y ha hecho estragos. Verdaderamente, en lo que eran las relaciones personales entre escritores y entre intelectuales se vivió también otra guerrilla literaria y de otra índole, con la que yo quisiera cerrar esta charla deshilvanada de mis recuerdos barceloneses.

Fue ésta la guerrilla que acabó con la Seix Barral que yo conocí. Fue una guerrilla bastante absurda que enfrentó a dos familias, las dos familias que habían creado esa editorial, luego de la muerte de Víctor Seix, con quien Carlos Barral se llevó siempre muy bien. Este enfrentamiento provocó, al final, la salida de Carlos Barral y supongo que de toda la familia Barral de esa editorial, que luego sería absorbida por la editorial Planeta y se convertiría en algo muy distinto. Fue una batalla que dividió también profundamente el medio literario, intelectual y que canceló, junto con el caso Padilla, esa visión ingenua, ilusa, de la homogeneidad, de la unanimidad. Es verdad que después de la crisis surgió otra editorial dirigida por Carlos Barral, que fue Barral Editores y que tuvo una actividad muy valiosa, muy importante. Pero para mí esa ruptura, esa división desenfrenada entre quienes optaron por una u otra familia, por estos dos bandos encontrados, es también un poco simbólica de lo que vendría después.*

(23 de enero de 1997)

---

* La imprevista colaboración de la técnica permitió que no haya quedado constancia grabada del fragmento de la conferencia en que Mario Vargas Llosa criticaba el nacionalismo y expresaba su opinión de que la Barcelona de principios de los setenta, a diferencia de la actual, era una ciudad viva y atenta al mundo. Sin embargo, estas palabras fueron pronunciadas y en las hemerotecas puede comprobarse el considerable eco polémico que provocaron.

ÍNDICE

La ciudad del diálogo 7

Nota 9

JOSÉ LUIS DE VILALLONGA
El día que entré en Barcelona 13

JUAN MARSÉ
El día que mataron a Carmen Broto 31

LLORENÇ GOMIS
El día que Galinsoga entró en la iglesia 55

RAMÓN SERRANO
La primera noche que bajé al Jamboree 83

TERESA PÀMIES
La madrugada que me detuvieron 109

EDUARDO MENDOZA
El día que hice las maletas 127

ANA MARÍA MATUTE
La noche de «Primera memoria» 157

MARIO VARGAS LLOSA
El día que me instalé en Sarrià 169

CRÓNICAS ANAGRAMA

1. Günter Wallraff, **Cabeza de turco**
2. Dany Cohn-Bendit, **La revolución y nosotros, que la quisimos tanto**
3. Hans Magnus Enzensberger, **Política y delito**
4. Günter Wallraff, **El periodista indeseable**
5. Jean Baudrillard, **América**
6. Román Gubern, **La caza de brujas en Hollywood**
7. Antonio Escohotado, **Majestades, crímenes y víctimas**
8. Ryszard Kapuściński, **El Sha o la desmesura del poder**
9. Alfredo Bryce Echenique, **Crónicas personales**
10. Pierre Broué, **Los procesos de Moscú**
11. James Fox, **Pasiones en Kenia**
12. Ricardo Cid Cañaveral, **El bordillo**
13. Manuel Vicent, **Arsenal de balas perdidas**
14. Ryszard Kapuściński, **El Emperador**
15. Linda Wolfe, **El profesor y la prostituta**
16. Jean Baudrillard, **Cool Memories**
17. Hans Magnus Enzensberger, **¡Europa, Europa!**
18. Nigel Barley, **El antropólogo inocente**
19. John Taylor, **El circo de la ambición**
20. James Fenton, **Lugares no recomendables**
21. Redmond O'Hanlon, **En el corazón de Borneo**
22. Carles Geli y J.M. Huertas Claveria, **Las tres vidas de «Destino»**
23. Rian Malan, **Mi corazón de traidor**
24. Ryszard Kapuściński, **La guerra del fútbol**
25. Bill Buford, **Entre los vándalos**
26. Ed Regis, **¿Quién ocupó el despacho de Einstein?**
27. Floyd B. Barbour, **La revuelta del Poder Negro**
28. Redmond O'Hanlon, **Entre el Orinoco y el Amazonas (De nuevo en apuros)**
29. Nigel Barley, **Una plaga de orugas**
30. Llàtzer Moix, **La ciudad de los arquitectos**
31. Douglas Adams y Mark Carwardine, **Mañana no estarán (En busca de las más variopintas especies de animales al borde de la extinción)**
32. Ryszard Kapuściński, **El Imperio**
33. Anthony Summers, **Oficial y confidencial (La vida secreta de J. Edgar Hoover)**
34. Subcomandante Marcos, Yvon Le Bot, **El sueño zapatista**
35. Ramón de España, **Sospechosos habituales**
36. Arcadi Espada (ed.), **Dietario de posguerra**